THE PRESIDENTS VISUAL ENCYCLOPEDIA

[図説]
歴代 アメリカ大統領百科
ジョージ・ワシントンからドナルド・トランプまで

✦ DK社──［編］
✦ 大間知知子──［訳］

原書房

Original Title: US Presidents Visual Encyclopedia
Copyright © 2017 Dorling Kindersley Limited
DK, a Division of Penguin Random House, LLC

Japanese translation rights arranged with
Dorling Kindersley Limited, London
through Fortuna Co., Ltd. Tokyo.

A WORLD OF IDEAS: SEE ALL THERE IS TO KNOW
www.dk.com

[図説]
歴代アメリカ大統領百科
ジョージ・ワシントンからドナルド・トランプまで

目次

# 第1章
## 歴代大統領

008

- ジョージ・ワシントン——010
- ジョン・アダムズ——014
- トマス・ジェファソン——016
- ジェームズ・マディソン——020
- ジェームズ・モンロー——022
- ジョン・クインシー・アダムズ——024
- アンドルー・ジャクソン——026
- マーティン・ヴァン・ビューレン——028
- ウィリアム・ヘンリー・ハリソン——030
- ジョン・タイラー——032
- ジェームズ・K・ポーク——034
- ザカリー・テイラー——036
- ミラード・フィルモア——038
- フランクリン・ピアース——040
- ジェームズ・ブキャナン——042
- エイブラハム・リンカーン——044
- アンドルー・ジョンソン——048
- ユリシーズ・S・グラント——050
- ラザフォード・B・ヘイズ——052
- ジェームズ・A・ガーフィールド——054
- チェスター・A・アーサー——056
- グローヴァー・クリーヴランド——058
- ベンジャミン・ハリソン——060
- ウィリアム・マッキンリー——062
- セオドア・ローズヴェルト——064
- ウィリアム・H・タフト——068
- ウッドロー・ウィルソン——070
- ウォーレン・G・ハーディング——072
- キャルヴィン・クーリッジ——074
- ハーバート・フーヴァー——076
- フランクリン・D・ローズヴェルト——078
- ハリー・S・トルーマン——082

- ✤ ドワイト・D・アイゼンハワー——084
- ✤ ジョン・F・ケネディ——088
- ✤ リンドン・B・ジョンソン——092
- ✤ リチャード・M・ニクソン——096
- ✤ ジェラルド・R・フォード——100
- ✤ ジミー・カーター——102
- ✤ ロナルド・レーガン——104
- ✤ ジョージ・H・W・ブッシュ——108
- ✤ ビル・クリントン——110
- ✤ ジョージ・W・ブッシュ——114
- ✤ バラク・オバマ——118
- ✤ ドナルド・トランプ——122

# 第2章　124
## 有名なファーストレディ

- ✤ マーサ・ワシントン——126
- ✤ アビゲイル・アダムズ——128
- ✤ ドリー・マディソン——129
- ✤ メアリー・リンカーン——130
- ✤ フランシス・クリーヴランド——131
- ✤ イーディス・ウィルソン——132
- ✤ ルー・フーヴァー——133
- ✤ エレノア・ローズヴェルト——134
- ✤ ジャクリーン・ケネディ——136
- ✤ 「レディバード」・ジョンソン——137
- ✤ ベティ・フォード——138
- ✤ ロザリン・カーター——139
- ✤ ナンシー・レーガン——140
- ✤ バーバラ・ブッシュ——141
- ✤ ヒラリー・クリントン——142
- ✤ ローラ・ブッシュ——143
- ✤ ミシェル・オバマ——144

# 第3章
## 合衆国憲法と大統領

146

- アメリカ独立戦争——148
- 独立宣言——149
- 憲法制定会議——150
- 大統領の権限——152
- 大統領選挙——154
- 選挙制度——155
- 大統領と連邦議会——156
- 権利章典——158
- 南北戦争——160
- 奴隷制廃止——162
- 投票権——164
- 禁酒法——166
- 婦人参政権——168
- 大統領の3選禁止——170
- 18歳以上の投票権——171

# 第4章
## 大統領の施設と乗り物

172

- ホワイトハウス——174
- 大統領執務室——176
- ウエストウイング——178
- アイゼンハワー行政府ビル——179
- ブレアハウス——180
- キャンプデーヴィッド——182

- オブザーバトリー・サークル1番地──183
- マウント・ヴァーノン──184
- モンティセロ──185
- ラシュモア山──186

- エアフォース・ワン──188
- キャデラック・ワン──189
- グラウンドフォース・ワン──190
- マリーンフォース・ワン──191

# 第5章 参考資料

192

- 大統領の出身地──194
- 波乱の大統領選挙──196
- 歴代副大統領──198
- 政党──200
- 大統領こぼれ話──202

- 用語解説──204
- 索引──206

**色でわかる政党**

この本では各大統領の政党を色で区別している。
[赤]共和党
[青]民主党
[黄]その他の政党または独立系

# 第1章
## 歴代大統領

✣ **勢ぞろい**
元大統領ジョージ・H・W・ブッシュ、バラク・オバマ、ジョージ・W・ブッシュ、ビル・クリントン、ジミー・カーターは、2009年に大統領執務室で顔を合わせた。存命するすべての大統領経験者がホワイトハウスに集うのは1981年以来だ。

1789年にジョージ・ワシントンが初のアメリカ大統領として就任宣誓して以来、これまでに44人が大統領の職務についた。
歴代の大統領はこの国の最高責任者として、アメリカの繁栄と安全を守るために国の内外で起きる数々の困難に立ち向かってきた。

# ジョージ・ワシントン
## GEORGE WASHINGTON
### 初代 ✤ 1789-1797

軍人だったジョージ・ワシントンは大陸軍を率いてイギリスとの戦いを勝利に導き、いちやくその名を知られるようになった。ワシントンは「アメリカの父」として尊敬され、アメリカ合衆国憲法の起草に重要な役割を果たした。政治的論争に中立の立場を貫くことで、彼が大統領にふさわしいのは誰の目にも明らかだった。ワシントンは満場一致で選ばれた史上唯一の大統領だ。アメリカの統一を象徴する存在となったワシントンは、国外の戦争に巻き込まれるのを防ぐため、英仏といくつかの条約を締結した。

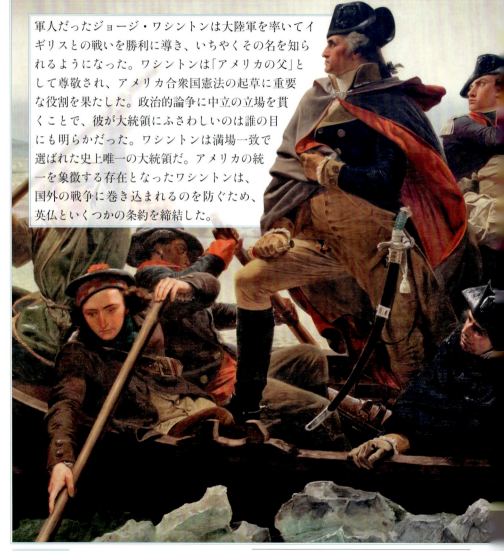

### デラウェア川を渡る

この絵は1776年のクリスマスに兵を率いて凍てつくデラウェア川を渡るワシントンを、画家が想像して描いたものだ。（実際には、ワシントンは船のへさきに立つような危険なまねは決してしなかっただろう。）このトレントンの戦いで、アメリカ軍はイギリス軍の不意をついて勝利を収めた。

## DATA FILE — データファイル

**出生** 1732年2月22日、ヴァージニア植民地ウェストモアランド郡
**没年** 1799年12月14日

**大統領就任**
1789年4月30日、57歳

**主なできごと**
1775 大陸軍の司令官に就任する。
1781 ヨークタウンでイギリス軍を破り、アメリカ独立戦争を終わらせる。
1787 合衆国憲法に最初に署名する。
1793 大統領の2期目が始まる。憲法には大統領の再選に関する決まりがないので、ワシントンの再選が先例となる。
1797 引退してヴァージニア州に所有する農園で暮らす。

▶ マーサ・ワシントン［126-127ページ］
▶ アメリカ独立戦争［148ページ］
▶ 憲法制定会議［150-151ページ］

> ワシントンの2期目の就任演説はたった135語で、歴代のどの大統領よりも短かった。

ジョージ・ワシントン

### 閲兵式
1794年10月18日、ジョージ・ワシントンはウィスキー反乱の鎮圧に向かう軍隊をメリーランド州のカンバーランド砦で閲兵した。

### ウィスキー反乱
独立戦争のためにふくらんだ財政赤字を削減するため、ワシントンは1791年にウィスキーなどの蒸留酒に新たな連邦税を導入した。ペンシルヴェニア州の農民はこれに抗議し、武装した数百人の反乱軍が連邦政府の役人を襲った。1794年8月、ワシントンは反乱を鎮圧するために1万5000人の民兵軍を派遣した。民兵軍がペンシルヴェニア州に進軍すると、反乱軍は姿を消した。ウィスキー税は1801年に撤廃された。

ウィスキー反乱のとき、反乱軍は収税官を襲い、その体にタールと羽根を塗りつけて見せしめにした。

ジョージ・ワシントン

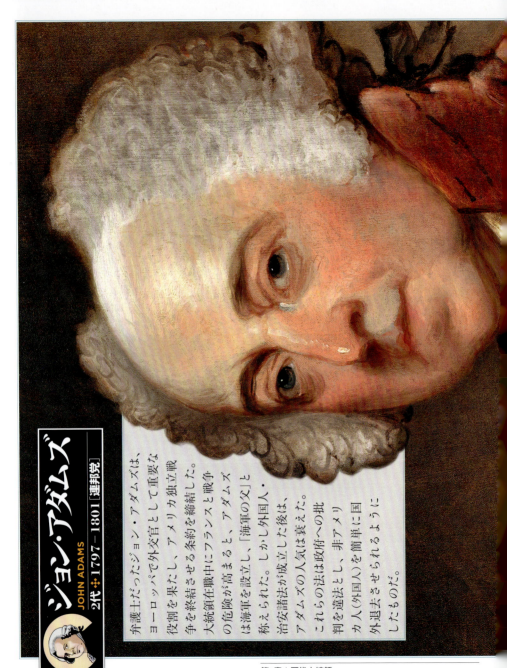

## ジョン・アダムズ JOHN ADAMS
## 2代 ✤ 1797−1801［連邦党］

弁護士だったジョン・アダムズは、ヨーロッパで外交官として重要な役割を果たし、アメリカ独立戦争を終結させる条約を締結した。大統領在職中にフランスと戦争の危険が高まると、アダムズは海軍を設立し、「海軍の父」と称えられた。しかし外国人治安諸法が成立した後は、アダムズの人気は衰えた。これらの法は政府への批判を違法とし、非アメリカ人（外国人）を簡単に国外退去させられるようにしたものだ。

第1章｜歴代大統領

## DATA FILE データファイル

- 出生 1735年10月30日、マサチューセッツ植民地ブレーントリー（現クインシー）
- 没年 1826年7月4日
- 大統領就任 1797年3月4日、61歳
- 主なできごと
  1776 独立宣言を起草する委員会に加わる。
  1789 アメリカの初代副大統領に就任する。
  1798 アメリカ海軍省を設立する。
  1800 外国人・治安諸法を制定する。ワシントンD.C.に完成したばかりのホワイトハウスに入居する。

▶アビゲイル・アダムズ[128ページ]
▶独立宣言[149ページ]

## XYZ事件

1797年、フランスの外務大臣はパリを訪れたアメリカの和平特使に3人の使者を送り、多額の賄賂を要求した。激怒したアダムズはこの3人にX、Y、Zという仮名をつけて、いきさつを文書で暴露した。イギリスで描かれた右の風刺画は、この事件を皮肉ったものだ。アメリカを象徴する女性からフランス人が盗みを働くのを、他国が見物している。

> アダムズは合わない入れ歯を使っていたせいで、言葉が聞き取りにくかった。

# トマス・ジェファソン
## THOMAS JEFFERSON
### 3代 ✣ 1801－1809 ［民主共和党］

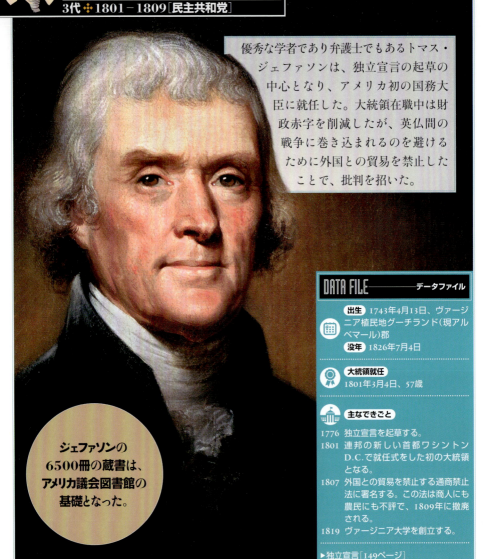

優秀な学者であり弁護士でもあるトマス・ジェファソンは、独立宣言の起草の中心となり、アメリカ初の国務大臣に就任した。大統領在職中は財政赤字を削減したが、英仏間の戦争に巻き込まれるのを避けるために外国との貿易を禁止したことで、批判を招いた。

ジェファソンの6500冊の蔵書は、アメリカ議会図書館の基礎となった。

## DATA FILE　データファイル

**出生** 1743年4月13日、ヴァージニア植民地グーチランド（現アルベマール）郡
**没年** 1826年7月4日

**大統領就任**
1801年3月4日、57歳

**主なできごと**
- 1776　独立宣言を起草する。
- 1801　連邦の新しい首都ワシントンD.C.で就任式をした初の大統領となる。
- 1807　外国との貿易を禁止する通商禁止法に署名する。この法は商人にも農民にも不評で、1809年に撤廃される。
- 1819　ヴァージニア大学を創立する。

▶独立宣言［149ページ］

**国旗掲揚**
ルイジアナ購入後、ニューオーリンズでフランス国旗が降ろされ、アメリカ国旗が掲揚されて、兵士が礼砲を放った。

**ルイジアナ購入**

1803年、ジェファソンはフランス皇帝ナポレオンから1500万ドルでルイジアナを購入するチャンスをつかんだ。ルイジアナはニューオーリンズからモンタナまで広がる、214万4510平方キロメートルという広大な面積を占める土地だ。この土地を買い入れたことでアメリカの国土は2倍になり、西部に進出する足がかりができた。

トマス・ジェファソン

## インディアンからの手助け

2年間の探検旅行の間に、ルイスとクラークは多数のインディアンの部族にめぐりあった。ダコタで出会ったショショニー族の女性サカジャウェアは探検隊の通訳を務め、彼らがインディアンと平和的な関係を築くのを助けた。

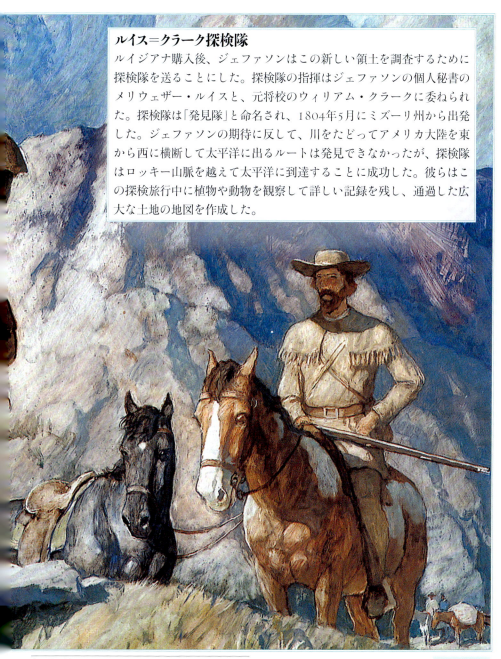

## ルイス＝クラーク探検隊

ルイジアナ購入後、ジェファソンはこの新しい領土を調査するために探検隊を送ることにした。探検隊の指揮はジェファソンの個人秘書のメリウェザー・ルイスと、元将校のウィリアム・クラークに委ねられた。探検隊は「発見隊」と命名され、1804年5月にミズーリ州から出発した。ジェファソンの期待に反して、川をたどってアメリカ大陸を東から西に横断して太平洋に出るルートは発見できなかったが、探検隊はロッキー山脈を越えて太平洋に到達することに成功した。彼らはこの探検旅行中に植物や動物を観察して詳しい記録を残し、通過した広大な土地の地図を作成した。

# ジェームズ・マディソン
### JAMES MADISON
**4代 ✤ 1809−1817［民主共和党］**

ジェームズ・マディソンは「憲法の父」としてよく知られている。政府の権限は憲法によって与えられたものに限られるべきだと彼は信じていた。マディソンは憲法に権利章典を加えるために尽力した。権利章典は憲法を修正し、人民の権利を守るためのものだ。大統領在職中にイギリスとの間に緊張が高まり、ついに戦争が始まった。

## DATA FILE ― データファイル

**出生** 1751年3月16日、ヴァージニア植民地ポート・コンウェイ
**没年** 1836年6月28日

**大統領就任**
1809年3月4日、57歳

**主なできごと**
1787 ニューヨーク州民に合衆国憲法の批准をうながすため、『ザ・フェデラリスト』と呼ばれる論文集の執筆を始める。
1812 6月18日、イギリスに宣戦布告する。

▶ドリー・マディソン［129ページ］
▶憲法制定会議［150−151ページ］
▶権利章典［158−159ページ］

> めったに見られないアメリカの5000ドル札にはマディソンの肖像が描かれている。

# 1812年戦争

1812年、「タカ派」と呼ばれる若い議員の強硬なグループが、マディソンにイギリスへの宣戦布告を強く迫った。彼らはイギリスによるアメリカ商船への干渉をやめさせ、当時まだイギリスの植民地だったカナダの土地を獲得したいと望んでいた。マディソンはやむなくこの要求を受け入れ、武力衝突が始まった。はじめのうち、アメリカ軍はイギリス船を首尾よく撃退したが、カナダに攻め込むことはなかなかできなかった。1814年、イギリス軍は首都ワシントンを占領し、ホワイトハウスを焼き打ちにした。この年の終りに両国はベルギーのガンで和平条約に署名し、戦争を終わらせた。

### ニューオーリンズの戦い

1815年1月、イギリス軍からニューオーリンズを守るために兵を指揮するアンドルー・ジャクソン(馬上)。この戦いでアメリカ軍は勝利を収めたが、当時は情報の伝達に時間がかかったため、その2週間前にイギリスとの和平協定が結ばれていたのをジャクソンは知らなかった。

# ジェームズ・モンロー

**JAMES MONROE**
5代 ✣ 1817-1825［民主共和党］

ヴァージニア州知事時代につちかった幅広い政治経験は、ジェームズ・モンローが大統領を務める上で大いに役立った。大統領の1期目に、彼はスペインからフロリダを買収し、アメリカの国土を拡大した。モンローは奴隷制の問題にも対処しなければならなかった。奴隷制は南部諸州では認められていたが、北部ではすでに廃止されていた。ミズーリが奴隷制を認める奴隷州として連邦に加入を希望すると、モンローは奴隷州と自由州の数が等しくなるように、妥協的な協定を承認した。2期目になると、モンローは「モンロー主義」と呼ばれる大胆な外交政策を発表した。それは南北アメリカ大陸にヨーロッパ諸国が干渉することをいっさい認めないという宣言だった。

> モンローは
> アメリカ独立記念日の
> 7月4日に亡くなった
> 3人目の大統領だ。

### ✣ 長い公職生活
モンローは大統領の任期を終えるまで、50年間公職にあってアメリカのために働いた。彼ほど多くの官職についた大統領は後にも先にもいない。この肖像画は若き日のモンローを描いたものだが、大統領に就任したときは58歳になっていた。

## DATA FILE — データファイル

**出生** 1758年4月28日、ヴァージニア植民地ウエストモーランド郡
**没年** 1831年7月4日

**大統領就任**
1817年3月4日、58歳

**主なできごと**

- 1799 ヴァージニア州知事に就任する。
- 1811 国務長官に就任する。
- 1814 陸軍長官に就任する。
- 1819 スペインからフロリダを500万ドルで買収する。フロリダはアメリカの領土として自治権を認められたが、州に昇格したのは1845年になってからだ。
- 1820 ミズーリ協定に署名する。これはミズーリを奴隷州として連邦に加入させる一方で、メイン州を自由州として認める妥協案だった。
- 1823 議会で発表する年末教書の中で、モンロー主義を宣言する。

ジェームズ・モンロー

# ジョン・クインシー・アダムズ

JOHN QUINCY ADAMS

6代 ✧ 1825-1829 ［民主共和党］

ジョン・クインシー・アダムズは第2代大統領ジョン・アダムズの息子で、父子で大統領に就任した最初のひとりだ。優秀な外交官として政治の道を歩み始め、いくつかのヨーロッパの国で大使を務めたあと、国務長官に任命された。在職中、スペインとの間にアダムズ-オニス条約を締結し、フロリダの領有権を獲得している。大統領就任後、アダムズは道路や運河の建設を提案したが、政治的な支持が薄かったため、彼の計画はほとんど賛同を得られなかった。

> あなたの**行動**が誰かに夢を与え、**学び**、**行動し**、**成長する**意欲をかき立てるなら、あなたは立派な**指導者**である。

## 議会中の死

1828年の大統領選に敗北したあと、アダムズはマサチューセッツ州選出の下院議員として政界に復帰した。前大統領で、退任後に議員になったのはアダムズしかいない。1848年、議会に出席していたアダムズは発作に襲われ、2日後に亡くなった。

## DATA FILE — データファイル

**出生** 1767年7月11日、マサチューセッツ植民地ブレーントリー(現クインシー)
**没年** 1848年2月23日

**大統領就任**
1825年3月4日、57歳

**主なできごと**

1799 スペインとアダムズ－オニス条約を締結する。
1825 選挙人投票ではどの候補も過半数を獲得できなかったため、下院の投票で大統領に選出される。
1828 5月19日、輸入業者に高率の保護関税を課す法案に署名する。これは「忌まわしい関税」と呼ばれるようになる。

ジョン・クインシー・アダムズ

# アンドルー・ジャクソン
ANDREW JACKSON

7代 ❖ 1829-1837［民主党］

　ニューオーリンズの戦いに勝利してアメリカを象徴する英雄となったアンドルー・ジャクソンは、新しくできた民主党を代表する最初の大統領になった。「ジャクソンの民主主義」と呼ばれた彼の政策は、アメリカ庶民の権利を守るためにあった。不屈な精神から「オールド・ヒッコリー」［ヒッコリーは北米でもっとも硬い木］とあだ名されたジャクソンは、サウスカロライナ州が高率の保護関税（輸入品に課せられる税）の実施を拒否すると、軍隊の派遣も辞さない覚悟を見せた。また、彼は多数のインディアン部族を故郷から移住させるインディアン強制移住法の実施を命じた。1835年、ジャクソンは暗殺されかかった初の大統領になったが、犯人を自分の杖で殴りつけ、自分は怪我ひとつ負わなかった。

### ✤ 大統領就任式
ジャクソンは連邦議会議事堂の東広場で大統領就任式をおこなった。就任式後にホワイトハウスで祝賀会が開かれたが、群衆が詰めかけて家具や食器が壊される騒ぎになり、ジャクソン自身も安全のために逃げ出さなければならなかった。

## DATA FILE ─── データファイル

**出生** 1767年3月15日、サウスカロライナ植民地ワクスハウ
**没年** 1845年6月8日

**大統領就任**
1829年3月4日、61歳

**主なできごと**
1815 ニューオーリンズの戦いで軍隊を指揮してイギリス軍と戦い、勝利を収める。
1830 インディアン強制移住法に署名する。
1832 輸入品に高率の保護関税を課すことを拒否したサウスカロライナ州に、軍隊を派遣する許可を連邦議会に求める。
1832 第二合衆国銀行を設立する法案は違憲だと主張して、拒否権を発動する。

> ジャクソンは決闘して銃で撃たれ、40年間胸に弾丸が入ったままになっていた。

アンドルー・ジャクソン

# マーティン・ヴァン・ビューレン
**MARTIN VAN BUREN**

8代 ✥ 1837－1841 ［民主党］

マーティン・ヴァン・ビューレンは生活の苦しいオランダ人入植者の家系に生まれた。大学に進学する余裕はなかったが、独学で法律を学んで政治の道に進んだ。大統領任期の大半は恐慌への対応に追われたが、政府の支出を切り詰めた結果、景気をいっそう悪化させた。ヴァン・ビューレンは新しい州に奴隷制が拡大するのに反対し、テキサスが奴隷州として連邦に加盟するのを妨げた。

## DATA FILE ― データファイル

**出生** 1782年12月5日、ニューヨーク州キンダーフック
**没年** 1862年7月24日

**大統領就任**
1837年3月4日、54歳

**主なできごと**

- 1837 1837年の恐慌によって引き起こされた景気後退に対処するため、特別議会を招集する。
- 1839 メイン州とカナダのニューブランズウィック州の境界をめぐる民兵の争いを回避する。
- 1840 政府資金を民間の銀行から分離する独立国庫法案に署名する。ヴァン・ビューレンがこの法を提案したのは、任期の初期に銀行によって引き起こされた恐慌に苦しんだからだ。

OK（オーケー）という言葉は、「オールド・キンダーフック」というヴァン・ビューレンのあだ名から生まれた。

## 涙の道

1830年に制定されたインディアン強制移住法によって、大統領はインディアンからアメリカ南東部の土地を奪い、彼らをミシシッピ川以西に移住させる権限を得た。セミノール族、クリーク族、チカソー族は強制的に移住させられたが、チェロキー族は移住に反対して法廷で争った。しかし1836年に彼らは条約を押しつけられ、2年以内に土地を明け渡すように迫られた。1838年11月、ヴァン・ビューレンは連邦軍を派遣し、チェロキー族を強制的に西に向かって旅立たせた。この困難な旅の間に、寒さや病気、飢えの犠牲となって、およそ5000人のチェロキー族が死亡した。

### 故郷を追われて

この絵は「涙の道」をたどるチェロキー族の家族を描いたもの。オクラホマへの1600キロにおよぶ旅の間に、彼らはとりわけ厳しい冬の寒さに苦しめられた。

マーティン・ヴァン・ビューレン

# ウィリアム・ヘンリー・ハリソン

WILLIAM HENRY HARRISON
9代 ✣ 1841年3月－4月［ホイッグ党］

ウィリアム・ヘンリー・ハリソンはティペカヌーの戦いでインディアンの首長のテムカセを倒し、「オールド・ティップ」とあだ名されて戦争英雄となった。軍隊での輝かしい戦功を背景にしてハリソンは政界に入り、インディアナ準州の知事に任命された。その後2度の大統領選挙に出馬し、1840年に初のホイッグ党出身の大統領となった。しかし冷え込んだ3月の朝にコートも帽子も着用せずに大統領就任演説をおこなったせいで、ハリソンは重い肺炎にかかった。1か月後にハリソンは亡くなり、アメリカ史上もっとも在職期間の短い大統領となった。

> ハリソンの就任演説は史上最長の1時間45分続いた。

## DATA FILE — データファイル

**出生** 1773年2月9日、ヴァージニア植民地バークリー
**没年** 1841年4月4日

**大統領就任**
1841年3月4日、68歳

**主なできごと**
1791 軍隊に少尉として入隊する。
1798 北西部領地の行政官に就任し、政界に入る。
1800 インディアナ準州の知事に就任する。
1811 ショーニー族の首長テカムセをティペカヌーの戦いで破る。
1840 大統領選挙で選挙人団の票を230票獲得し、70票だった現職大統領のヴァン・ビューレンを破る。

▶政党［200-201ページ］

### ホイッグ党のイメージ戦略

1840年の選挙活動中、ハリソンの所属するホイッグ党は、彼を丸太小屋で育った質素な人物として売り込んだ。彼らは戦友の退役軍人を出迎えるハリソンを描いた右のようなポスターを作り、ぜいたく好きなヴァン・ビューレンとの違いを強調した。この宣伝活動が功を奏し、ハリソンは圧勝した。

ウィリアム・ヘンリー・ハリソン

# ジョン・タイラー
## JOHN TYLER　10代 ✻ 1841－1845 [ホイッグ党]

副大統領だったジョン・タイラーは、前大統領の死によってそのすべての権限を引き継いだ最初の大統領になった。ハリソンと同じくホイッグ党員だったが、彼の見解は多くの点で党と合わなかった。タイラーは奴隷制を維持する権利も含めて、各州の権利を支持した。また、ホイッグ党が支持した合衆国銀行の設立法案に拒否権を発動した。その結果、党内の人気を失い、1844年の大統領選挙では大統領候補の指名を逃した。

> タイラーは
> 15人の子持ちで、
> 歴代大統領の中で
> 1番の子だくさん
> である。

第1章｜歴代大統領

## テキサス併合

長期的な武力衝突ののち、テキサスは1836年にメキシコから独立を宣言した。テキサスには多数のアメリカ人入植者が移住していたため、テキサス人の多くが合衆国への加入を望んでいた。タイラーはこの希望を受け入れて、1845年にテキサスを併合した。右の絵は、連邦加入を祝ってアラモ砦(有名な戦場)の上にひるがえるテキサスの旗が描かれている。

### DATA FILE — データファイル

- **出生** 1790年3月29日、ヴァージニア州チャールズシティ部
- **没年** 1862年1月18日

**大統領就任**
1841年4月6日、51歳

**主なできごと**
- 1841 合衆国銀行の設立法案に拒否権を行使する。その結果、全閣僚が辞任する。
- 1844 ジュリア・ガードナーと再婚し、在職中に結婚した初の大統領となる。
- 1845 フロリダとテキサスを連邦の27番目と28番目の州として認める法案に署名する。

# ジェームズ・K・ポーク
## JAMES K. POLK
**11代 ✚ 1845－1849［民主党］**

テネシー州知事だったジェームズ・ポークは、大統領選挙に出馬したとき、あまり名を知られていなかった。彼は、合衆国が北アメリカ大陸全体に拡大することは神の摂理であるという「明白な運命」説を信じ、テキサス併合の完了、オレゴンにおける英米間の国境論争の終結、そしてカリフォルニアの獲得を公約した。大統領に就任したポークはこの目標をすべて達成し、アメリカの領土を大幅に拡大した。彼は再選を目指さないと決め、1849年に引退した。

> 自分の義務を
> 忠実に、そして
> 良心的に果たす
> 大統領に、
> 余暇はありえない。

## DATA FILE ─── データファイル

**出生** 1795年11月2日、ノースカロライナ州メクレンバーグ郡
**没年** 1849年6月15日

**大統領就任**
1845年3月4日、49歳

**主なできごと**
1825 連邦下院議員に選出される。
1846 5月13日、メキシコに宣戦布告する。
1846 輸入関税を引き下げる法案と、連邦資金を管理する支金庫を各地に設立する法案に署名する。

## メキシコ戦争

テキサスは併合されたが、合衆国とメキシコとの間にはまだテキサスの南の境界をめぐる争いが残っていた。1846年、ポークはザカリー・テイラー将軍率いる軍を問題の地域に派遣した。メキシコ軍がアメリカ軍に攻撃を加えると、メキシコへの宣戦布告がおこなわれた。テイラー将軍はいくつかの戦闘でメキシコ軍に勝利し、メキシコ国内の新たな土地を占領さえした。1848年、グアダルーペ・イダルゴ条約が調印され、リオグランデ川をテキサスとメキシコの境界とすること、そして新たにカリフォルニアとニューメキシコをアメリカに譲渡することが決められた。

### レサカ・デ・ラ・パルマの戦い

1846年5月9日のレサカ・デ・ラ・パルマの戦いで、メキシコ軍を攻撃するアメリカ軍の騎兵隊。テイラー将軍の勝利によって、メキシコ軍はリオグランデ川の南まで撤退せざるをえなかった。

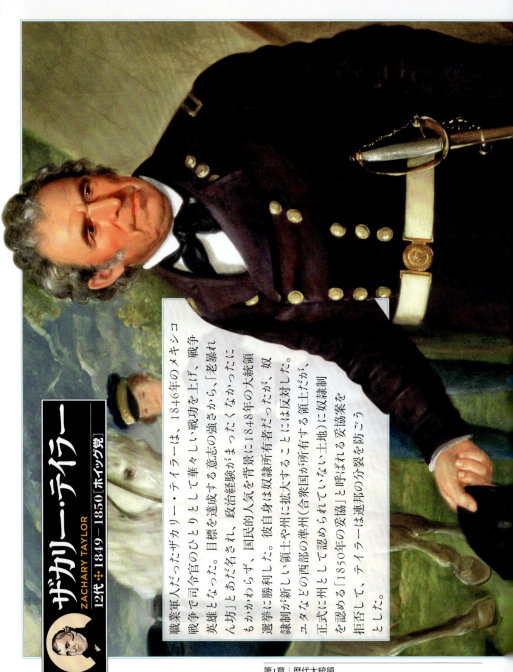

## ザカリー・テイラー
### ZACHARY TAYLOR
### 12代 ✦ 1849–1850 [ホイッグ党]

職業軍人だったザカリー・テイラーは、1846年のメキシコ戦争で司令官のひとりとして華々しい戦功を上げ、「老暴れん坊」とあだ名され、政治経験がまったくなかったにもかかわらず、国民的人気を背景に1848年の大統領選挙に勝利した。彼自身は奴隷所有者だったが、奴隷制が新しい領土に拡大することには反対した。ユタなどの西部の準州(合衆国が所有する領土だが、正式に州として認められていない土地)に奴隷制を認める「1850年の妥協」と呼ばれる妥協案を拒否して、テイラーは連邦の分裂を防ごうとした。

第1章 | 歴代大統領

テイラーは自分の軍馬だった「オールドホワイティ」を、ホワイトハウス前庭で飼っていた。

## DATA FILE — データファイル

**出生** 1784年11月24日、ヴァージニア州オレンジ郡
**没年** 1850年7月9日

**大統領在任**
1849年3月4日、64歳

**主なできごと**
1812 1812年戦争に従軍する。
1847 メキシコ戦争中、ブエナ・ビスタでメキシコ軍の大部隊を撃破する。
1850 4月、イギリスとクレイトン・バルワー協定を結び、中央アメリカを横断する運河の建設と保護のために協力することに同意する。
1850 7月、「1850年の妥協」に拒否権を行使する意欲を見せるが、その前に死亡する。

# ミラード・フィルモア
MILLARD FILLMORE
13代 ✛ 1850−1853［ホイッグ党］

ミラード・フィルモアは貧しい農夫の一家に生まれ、独学で法律を学んで弁護士になった。テイラー政権の副大統領を務めていたが、大統領が任期中に急死したため、思いがけず大統領に昇格した。在職中は奴隷制の問題が課題の中心になったが、彼は前大統領とは違って、1850年の妥協案を支持した。その結果カリフォルニアは自由州となり、ユタ州とニューメキシコ州では奴隷制が認められた。この妥協案に含まれる逃亡奴隷の取り締まりに関する規則は論争の的になった。フィルモアが妥協案を承認したために北部の人々は怒り、自由州と奴隷州の間の溝は深まった。

フィルモアは19歳ではじめて正規の学校教育を受け、その時の教師とのちに結婚した。

## DATA FILE — データファイル

**出生** 1800年1月7日、ニューヨーク州カユーガ郡
**没年** 1874年3月8日

**大統領就任**
1850年7月10日、50歳

**主なできごと**

1832 連邦下院議員に選出される。
1850 8月、州境問題をめぐってテキサス州がニューメキシコに侵攻するのを防ぐため、750人の連邦軍を派遣する。
1850 9月、1850年の妥協案を承認する。この法案に含まれる逃亡奴隷取締法により、連邦政府は逃亡奴隷を捕らえて元の持ち主に戻す義務を負った。

### ペリーの日本派遣

フィルモアは日本と通商関係を結びたいと望んでいたが、日本は200年以上も続く鎖国政策をとっていた。1853年、フィルモアはマシュー・ペリー提督を4隻の艦隊とともに日本に派遣した。ペリーの来訪によって日本はアメリカ船に対して開港し、4年後に日米修好通商条約が結ばれた。

# フランクリン・ピアース
## FRANKLIN PIERCE
**14代 ✤ 1853–1857［民主党］**

フランクリン・ピアースは連邦下院議員と上院議員を歴任したのち、1852年に大統領に選出された。民主党が他の4人の大統領候補者の中からひとりに絞り込めなかったため、ピアースに大統領候補の指名が回ってきたのである。大統領在職中は、カンザスに奴隷制を認めるかどうかという問題が激しく争われた。ピアースは西部への領土拡大を支持し、アメリカによるメキシコ北部の土地の購入を推進した。これはガズデン購入と呼ばれている。また、ピアースはスペインの植民地だったキューバの獲得も望み、キューバを売るか、さもなければ戦争も辞さないとスペインを威嚇した。

## DATA FILE　データファイル

**出生** 1804年11月23日、ニューハンプシャー州ヒルズボロー
**没年** 1869年10月8日

**大統領就任**
1853年3月4日、48歳

**主なできごと**
1847　メキシコ戦争に従軍する。
1854　4月、メキシコから1000万ドルで土地を購入する条約に署名し、ガズデン購入を正式に決定する。
1854　オステンド・マニフェストを発表し、アメリカがスペインから武力でキューバを獲得する意志があることを示す。

> ピアースは3319語の就任演説を丸暗記し、原稿を見ずに語った。

## カンザス・ネブラスカ法

1854年にピアースはカンザス・ネブラスカ法に署名した。この法によって、これらふたつの地域が奴隷州（奴隷制が容認される州）として連邦に加盟するかどうかを、その州の住民が決定する権利が認められた。この法の成立によって、1820年のミズーリ妥協で決められた北部への奴隷制拡大禁止の原則は否定された。カンザスでは奴隷制擁護派と反対派の争いが再燃し、政治的混乱と流血の事態を招いた。

### 州境の暴漢

カンザス・ネブラスカ法が成立すると、数千人の奴隷制擁護派の移住者がカンザスに殺到した。彼らは隣接するミズーリ州から州境を越えて来たので、「州境の暴漢」と呼ばれる。彼らの目的はカンザスを奴隷州にすることで、それに反対する「自由州派」との間に暴力的な衝突が起こった。

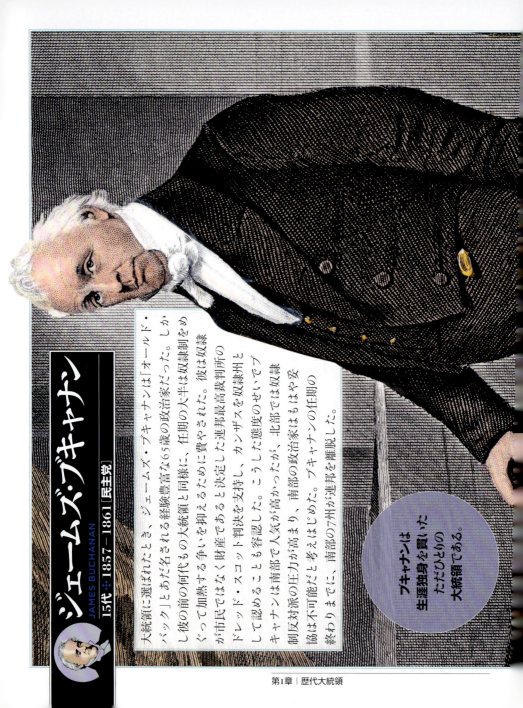

## ジェームズ・ブキャナン
### JAMES BUCHANAN
**15代 ∷ 1857－1861 [民主党]**

大統領に選ばれだとき、ジェームズ・ブキャナンは「オールド・バック」とあだ名される経験豊富な65歳の政治家だった。しかし彼の前の何代もの大統領と同様に、任期の大半は奴隷制をめぐって加熱する争いを抑えるために費やされた。彼は奴隷が市民ではなく財産であると決定した連邦最高裁判所のドレッド・スコット判決を支持し、カンザスを奴隷州として認めることも容認した。こうした態度のせいでブキャナンは南部で人気が高かったが、北部では奴隷制反対派の圧力が高まり、南部の政治家はもはや安協は不可能だと考えはじめた。ブキャナンの任期の終わりまでに、南部の7州が連邦を離脱した。

> ブキャナンは
> 生涯独身を貫いた
> ただひとりの
> 大統領である。

## ジョン・ブラウンの襲撃

1859年10月16日、ジョン・ブラウンを指導者とする奴隷制反対派の一団が、ヴァージニア州ハーパーズフェリーの連邦武器庫を襲撃した。彼らは武器庫に収められた武器を利用して、奴隷による反乱を起こそうとしていた。しかしブキャナン大統領は襲撃犯の鎮圧のために海軍を派遣し、ブラウンの計画は失敗に終わった。この行動は北部の人々から称賛され、ブラウンは反逆罪で有罪となり、処刑された。

## DATA FILE — データファイル

- **出生** 1791年4月23日、ペンシルヴェニア州コーヴ・キャッツプ
- **没年** 1868年6月1日

**大統領就任**
1857年3月4日、65歳

**主なできごと**
- 1820 連邦下院議員に選出される。
- 1857 カンザスが奴隷州として連邦に加盟することを定めたレコンプトン憲法[カンザス州憲法]を支持する。
- 1866 初の大統領回顧録『反乱前夜のブキャナン政権 Mr. Buchanan's Administration of the Eve of the Rebellion』を出版する。

# エイブラハム・リンカーン
**ABRAHAM LINCOLN**
16代 ✢ 1861－1865［共和党］

エイブラハム・リンカーン大統領の強い指導力のおかげで、合衆国は永遠にふたつに分かれる運命をまぬがれた。ケンタッキー州の貧しい農家に生まれ、独学で法律を学んだリンカーンは、傑出した奴隷制反対派となった。彼が大統領選挙に勝利して共和党初の大統領が誕生した結果、南部の奴隷制擁護派の州は次々に連邦から離脱し、アメリカ連合国を結成した。1861年、南軍はサウスカロライナのサムター要塞に駐屯していた連邦（連邦に忠誠を誓った州）軍に攻撃をしかけた。これをきっかけに南北戦争が始まると、リンカーンは北部（連邦主義者）の指導者として、初期の戦闘の敗北を乗り越え、工業と人口面の優位を生かして北部を勝利に導いた。悲劇的なことに、リンカーンは戦争が終わってまもなく暗殺された。

✢ **ゲティスバーグ演説**
1863年7月、北軍はペンシルヴェニア州のゲティスバーグで南軍と戦い、両軍合わせて4万人の兵士を失う戦いの果てに、決定的な勝利をものにした。リンカーンはこの地に建てられた戦没者墓地の奉献式で、アメリカ史上もっとも有名な演説をおこなった。

> われわれは、この死者たちの死を決して無駄にしないこと、この国が神のもとで新しい自由を生み出し、人民の、人民による、人民のための政治が、この地上から決して消え去らないようにすることを、固く決意しなければならないのです。

エイブラハム・リンカーンによるゲティスバーグ演説

## DATA FILE ─ データファイル

**出生** 1809年2月12日、ケンタッキー州ホーゲンビル
**没年** 1865年4月15日

**大統領就任**
1861年3月4日、52歳

**主なできごと**

- 1832　インディアンの数部族とのブラック・ホーク戦争に兵士として従軍する。
- 1846　連邦下院議員に選出される。
- 1863　1月1日、奴隷解放宣言を発表する。
- 1863　11月19日、ゲティスバーグ演説をおこなう。
- 1865　4月9日、南軍（アメリカ連合国）が降伏し、南北戦争が終結する。
- 1865　4月14日、国家指導者の安全を守るためにシークレットサービスが組織される。皮肉にもリンカーンはこの日に暗殺された。

▶ メアリー・リンカーン［130ページ］
▶ 南北戦争［160－161ページ］
▶ 奴隷制廃止［162－163ページ］

## 奴隷解放宣言

1863年1月1日、リンカーンは南部に打撃を与えるため、奴隷解放宣言を発布した。連邦から離脱したアメリカ連合国内の奴隷の解放を宣言し、アフリカ系アメリカ人の連邦軍への参加を認めるという内容である。リンカーンはこの宣言によって、北部の奴隷制廃止論者の間で支持が高まること、そして南部の奴隷が所有者から逃れて北部に逃げ込んでくることを期待した。

※リンカーンと奴隷制
リンカーンは終生、奴隷制への反対を公私において表明し続けた。奴隷解放宣言が出された1年後の1864年に、リンカーンはホワイトハウスに有名な奴隷解放運動家のソジャーナ・トゥルースを招いた。

## 暗殺

南北戦争が終結した5日後の1865年4月14日、リンカーンはワシントンD.C.のフォード劇場で観劇を楽しんでいた。3幕目に、大統領が座っているボックス席にアメリカ連合国の支持者だったジョン・ウィルクス・ブースが忍び込み、リンカーンの後頭部を銃で撃った。リンカーンは通りを挟んで劇場の向かい側にある下宿屋に運び込まれたが、翌朝死亡した。

### ✥ 劇場の死

ブースは大統領のボディーガードが持ち場を離れたすきにリンカーンのボックス席に入り込んだ。彼が撃った1発の弾丸が致命傷になった。

# アンドルー・ジョンソン
ANDREW JOHNSON
17代 ✣ 1865－1869［民主党］

リンカーンが暗殺されたとき、アンドルー・ジョンソンは副大統領になって6週間しかたっていなかった。ジョンソンは政界に入る前は洋服の仕立屋で、南部出身の州権論者［各州の自治と主権を重視する立場］だった。そのため、南北戦争後の再建の時代（南部を連邦に復帰させるまでの期間）に、南部諸州に寛大な態度を示す傾向があった。共和党が率いる連邦議会はジョンソンと対立し、ジョンソンが行使した拒否権を数回にわたってくつがえし、解放奴隷の権利を保護する法案を成立させた。

ジョンソンの両親は字が読めず、彼に読み書きを教えたのは妻だった。

## DATA FILE　データファイル

**出生** 1808年12月29日、ノースカロライナ州ローリー
**没年** 1875年7月31日

**大統領就任**
1865年4月15日、56歳

**主なできごと**
1843　連邦下院議員に選出される。
1867　国務長官ウィリアム・スワードを派遣し、ロシアからアラスカを購入するために交渉する。
1868　弾劾裁判で無罪となる。

▶奴隷制廃止［162－163ページ］

## 弾劾裁判

大統領在職中に、共和党が多数派を占める連邦議会とジョンソンはたびたび衝突し、議会は大統領権限を制限する法案をいくつも通過させた。1867年、ジョンソンは上院が承認した陸軍長官を解任し、自分が推薦する候補者を後任にすえることによって、このような法のひとつを公然と無視した。この行動に怒った下院は大統領の弾劾を求める決議をおこない、大統領は正式な告発を受けて罷免される瀬戸際に立たされた。上院で開かれた弾劾裁判で、ジョンソンはかろうじて1票差で弾劾をまぬがれた。

### 召喚状を受け取る

1868年3月7日、アンドルー・ジョンソンは上院に出席を求める召喚状を渡された。彼はこれまで連邦議会で弾劾裁判にかけられたふたりの大統領のうちのひとり[もうひとりはジミー・カーター]で、どちらの大統領も裁判では無罪になっている。

アンドルー・ジョンソン

# ユリシーズ・S・グラント
## ULYSSES S. GRANT
### 18代 ✣ 1869 - 1877［共和党］

ユリシーズ・S・グラントは連邦軍のもっとも偉大な将軍のひとりであり、南北戦争でアメリカ連合国を破り、合衆国を勝利に導いて勇名をはせた。貧しい家庭に生まれながら戦争の英雄となった彼は、その名声のおかげで1868年の大統領選挙に勝利した。しかしグラントが大統領になったのはアメリカ史上きわめて困難な時代であり、彼は経済問題と南部の再建という難問にぶつかった。グラントは最後に残った南部3州――ミシシッピ、テキサス、ヴァージニア――を、穏健な方法で連邦に復帰させたいと願った。しかしアフリカ系アメリカ人に対する投票権を認めようとしないこれらの州に対し、最終的には武力行使も辞さない態度を見せた。彼は大統領に再選されたが、第2期は政治的スキャンダルにまみれ、その名声を汚した。

## DATA FILE ― データファイル

**出生** 1822年4月27日、オハイオ州ポイント・プレザント
**没年** 1885年7月23日

**大統領就任**
1869年3月4日、46歳

**主なできごと**
1861 南北戦争に志願して従軍する。
1870 人種にもとづいてアメリカ国民の権利を制限することを禁ずる憲法修正第15条の成立に尽力する。

▶南北戦争［160－161ページ］
▶投票権［164－165ページ］

アメリカの50ドル札にはグラント大統領の肖像が描かれているため、「グラント」と呼ばれている。

## 1873年の恐慌

1873年9月、鉄道事業に多額の投資をしていた銀行のジェイ・クック・アンド・カンパニーが破産した。それをきっかけに他の銀行が次々と破産し、まもなく深刻な不況が国中に広がった。グラントは不況に歯止めをかける有効な政策を打ちだせず、大量の失業とストライキが発生した。

# ラザフォード・B・ヘイズ
### RUTHERFORD B. HAYES
**19代 ✥ 1877－1881［共和党］**

南北戦争の従軍経験を持ち、州知事も務めたラザフォード・B・ヘイズは、共和党の有望な大統領候補だった。しかし大統領選挙は激しい戦いとなり、民主党との間に政治的取引がおこなわれた結果、ヘイズが大統領に就任した。大統領となったヘイズは、南北戦争後の南部の再建の最終段階を監督し、南部から連邦軍を撤退させた。連邦議会とは対立し、彼が計画した公職制度改革は議会によって阻まれた。

## DATA FILE ── データファイル

**出生** 1822年10月4日、オハイオ州デラウェア
**没年** 1893年1月17日

**大統領就任**
1877年3月4日、55歳

**主なできごと**
1861　連邦軍に加わって南北戦争に従軍する。
1877　南部諸州から最後の連邦軍の撤退を命じる。
1877　公職制度改革に取り組むため、すべての連邦職員が政治活動に参加することを禁止する命令を出す。

▶南北戦争［160－161ページ］
▶波乱の大統領選挙［196－197ページ］

イースター［復活祭］にホワイトハウスの芝生で卵を転がすイースターエッグ・ロールは、1878年にヘイズによって始められた。

## 中国人移民法

1850年代以降、中国からアメリカへの移民は続き、その多くは鉄道建設に従事した。彼らは低賃金で働いたので、しばしば反感を買い、1879年に連邦議会は中国からの移民を禁止する法案を可決した。しかしこの法案は中国との間に結ばれていた条約に反するものだったため、ヘイズは拒否権を行使した。代わりに彼は新しい協定を結び、移民は許可するが、人数を制限することにした。

### 外交的訪問

ヘイズ大統領は中国からの外交官と面会し、新しい協定について話し合った。

ラザフォード・B・ヘイズ

# ジェームズ・A・ガーフィールド
## JAMES A. GARFIELD
**20代 ✚ 1881［共和党］**

ジェームズ・A・ガーフィールドは丸太小屋で生まれた最後の大統領であり、たたき上げの人物だった。南北戦争で英雄となり、その名声のおかげで連邦下院議員に選出され、9期務めた。しかし大統領就任後は、わずか200日で暗殺された。大統領に在職中は政治的腐敗を断とうと努力し、上院が閣僚人事を決定するのを拒否したため、党内に多数の敵を作った。

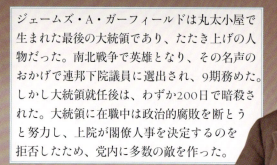

## DATA FILE　データファイル

**出生** 1831年11月19日、オハイオ州オレンジ郡区
**没年** 1881年9月19日

**大統領就任**
1881年3月4日、49歳

**主なできごと**
1863　南北戦争においてチカマウガの戦いで勇敢さを認められ、少将に昇進する。
1881　郵政省の職員が利潤の大きい郵便路線の契約を認める見返りに賄賂を受け取ったというスターループ・スキャンダルと呼ばれる事件について、不正行為の調査を命じる。

ガーフィールドは初の両手利きの大統領で、左右どちらの手でも字を書くことができた。

## 暗殺

公職制度改革を支持したガーフィールド大統領は、1881年7月2日にチャールズ・ギトーに銃で撃たれた。ギトーはガーフィールドを大統領選挙で応援した見返りに官職が得られると信じていたが、思い通りにならなかったので失望していたのである。深手を負った大統領はホワイトハウスに運ばれて2か月間手当を受けた。しかし傷の治療に使われた器具がよく消毒されていなかったせいで敗血症を起こし、9月19日に死亡した。

#### ❖ 怒りの銃撃

ガーフィールドを暗殺したチャールズ・ギトーは、ワシントンD.C.のボルティモア・アンド・ポトマック鉄道の駅で列車を待つ大統領を狙った。ギトーはただちに逮捕され、裁判にかけられて、1883年6月に絞首刑になった。

# チェスター・A・アーサー
### CHESTER A. ARTHUR
**21代 ✤ 1881–1885 [共和党]**

北アイルランドからの移民の子であるチェスター・A・アーサーは、暗殺されたガーフィールドから職務を受け継ぐと、大統領として驚くほど有能な仕事ぶりを見せた。アーサーは政権を握った党の支持者や友人に官職が与えられる「猟官制度」の恩恵を長い間受けていたので、彼もまた閣僚を自分の支持者で固めるだろうと予想されていた。ところがアーサーは官吏任用制度改革を推進し、資格に応じて登用される公務員の数を増やしたのである。

> アーサーは衣服の好みがとてもうるさく、ズボンを80着持っていたと言われる。

## DATA FILE ― データファイル

**出生** 1830年10月5日、ヴァーモント州フェアフィールド
**没年** 1886年11月18日

**大統領就任**
1881年9月20日、50歳

**主なできごと**

1882 中国からの移民を10年間禁止する中国系移民排斥法に署名する。
1883 関税引き下げを提案するが、連邦議会があまりにも多数の例外をもうけたために「雑駁関税法」と呼ばれるようになり、十分な効果を上げられなかった。
1883 海軍が初の鋼鉄製の船を購入できるように、海軍予算を増加させる。

## ペンドルトン法

1880年代まで、公職の大半は「猟官制度」にもとづいて分配された。しかしこのやり方は行政組織の効率的な運営の妨げになったので、1883年、アーサー大統領はペンドルトン公務員改革法を成立させた。主な提案者のジョージ・ペンドルトン上院議員の名を取って通称「ペンドルトン法」と呼ばれるこの改革案によって、公務員制度を監督する独立した委員会を設置し、政府の上級職員の応募者に筆記試験を課すことが定められた。

### ❖苦い勝利

公務員改革法は民主党議員のジョージ・ペンドルトンによって推進されたが、この法の成立によって、民主党は共和党員から官職を奪って民主党員を後釜に据えることができなくなった。この風刺画では、ペンドルトンは共和党員から祝福されて、自分がうかつにもライバル政党に手を貸してしまったことに気づいた。

# グローヴァー・クリーヴランド

GROVER CLEVELAND

22代 ✦ 1885−1888／1893−1897［民主党］

ニューヨーク州知事だったグローヴァー・クリーヴランドは、間をあけてふたたび大統領に返り咲いた唯一の大統領であり、南北戦争後にはじめて民主党から選出された大統領でもあった。自分が支持しない法案を連邦議会が成立させるのを防ぐため、それまでのどの大統領よりも多くの拒否権を行使した。また、彼は外国の干渉もはねつけた。大統領の2期目は大恐慌に見舞われ、人気を失った。

## DATA FILE　データファイル

 **出生** 1837年3月18日、ニュージャージー州コールドウェル
**没年** 1908年6月24日

 **大統領就任**
1885年3月4日、47歳
1893年3月4日、55歳

 **主なできごと**
1882　自由の女神像をフランスから贈りものとして受け取るよう連邦議会に助言する。
1893　ハワイ諸島を併合する条約を撤回する。
1893　シャーマン銀購入法を撤廃する。この法は政府に毎月一定量の銀の購入を義務づけるもので、クリーヴランドはこれが景気後退の原因になったと非難した。

▶フランシス・クリーヴランド［131ページ］

南北戦争中、クリーヴランドはポーランド人の移民に150ドル支払って、自分の代わりに従軍させた。

✣ 就任宣誓
紫色のスーツを着たクリーヴランドが、大統領の1期目の就任式で聖書に手を置いて宣誓している。

## プルマン・ストライキ

1894年、シカゴの鉄道車両メーカーのプルマン社は不況を理由に労働者の賃金を30パーセント切り下げた。これをきっかけに鉄道労働者のストライキが全国に広がり、暴力行為に発展した。クリーヴランドは秩序の回復とストライキの鎮圧のために連邦軍を派遣(右の写真)した。

# ベンジャミン・ハリソン
**BENJAMIN HARRISON**
23代 ✛ 1889−1893［共和党］

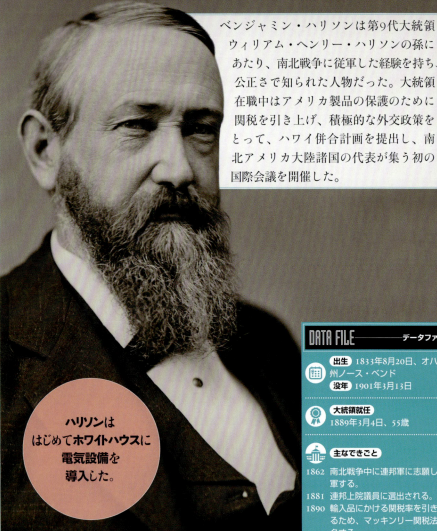

ベンジャミン・ハリソンは第9代大統領ウィリアム・ヘンリー・ハリソンの孫にあたり、南北戦争に従軍した経験を持ち、公正さで知られた人物だった。大統領在職中はアメリカ製品の保護のために関税を引き上げ、積極的な外交政策をとって、ハワイ併合計画を提出し、南北アメリカ大陸諸国の代表が集う初の国際会議を開催した。

ハリソンははじめてホワイトハウスに電気設備を導入した。

## DATA FILE ── データファイル

**出生** 1833年8月20日、オハイオ州ノース・ベンド
**没年** 1901年3月13日

**大統領就任**
1889年3月4日、55歳

**主なできごと**
1862 南北戦争中に連邦軍に志願して従軍する。
1881 連邦上院議員に選出される。
1890 輸入品にかける関税率を引き上げるため、マッキンリー関税法に署名する。

### 新天地

ヨーロッパから来た多くの移民にとって、自由の女神像はアメリカに来てまっさきに目にする光景だった。到着すると、彼らは健康診断と法的審査を受けて、入国する資格があるかどうかを判断された。伝染病にかかっている者の多くはヨーロッパに送り返された。

### エリス島

1890年まで、入国政策は各州に任されていた。しかしハリソンの在職中に移民は連邦政府の管理に移された。1892年、ニューヨークのエリス島に移民局が置かれ、到着した移民は全員そこで手続きをするようになった。最初の年は45万人の移民が到着し、1954年に移民局が閉鎖されるまで、1200万人以上がこの島を通過した。

ベンジャミン・ハリソン

# ウィリアム・マッキンリー
## WILLIAM McKINLEY
### 25代 ✣ 1897−1901［共和党］

ウィリアム・マッキンリーは大統領になる前に、連邦上院議員として14年、オハイオ州知事として8年務めた経験を持つ。彼は関税を引き上げ、貨幣を金の価値に結びつける金本位制を確立することでアメリカ経済を保護しようとした。しかしアメリカがスペインを相手に米西戦争に踏み切ると、マッキンリー政権は対外政策に大半の時間を奪われた。1901年、大統領として2期目に入って半年後に、マッキンリーは無政府主義者によって暗殺された。

## DATA FILE　データファイル

**出生** 1843年1月29日、オハイオ州ナイルズ
**没年** 1901年9月14日

**大統領就任** 1897年3月4日、54歳

**主なできごと**
- 1897 ディングリー関税法を成立させ、税率を史上最高に引き上げる。
- 1900 中国で民族主義者の集団が西洋の宣教師や外交官を襲撃する義和団事件が起き、これを鎮圧するために中国に連邦軍を派遣する。

> 1897年におこなわれたマッキンリーの大統領就任式は、史上はじめて映像に収められた。

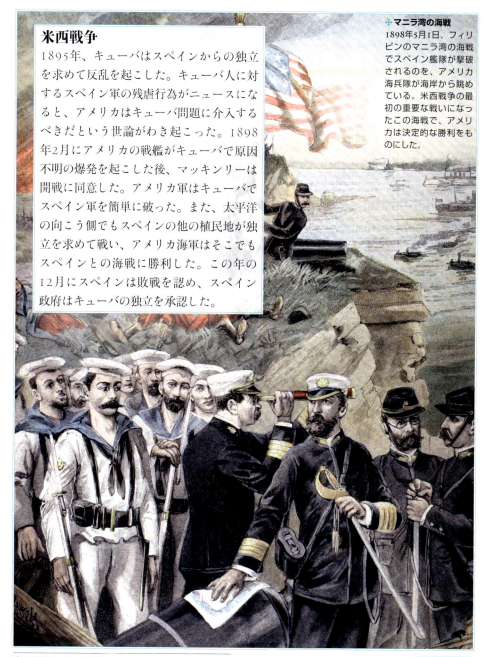

## 米西戦争

1895年、キューバはスペインからの独立を求めて反乱を起こした。キューバ人に対するスペイン軍の残虐行為がニュースになると、アメリカはキューバ問題に介入するべきだという世論がわき起こった。1898年2月にアメリカの戦艦がキューバで原因不明の爆発を起こした後、マッキンリーは開戦に同意した。アメリカ軍はキューバでスペイン軍を簡単に破った。また、太平洋の向こう側でもスペインの他の植民地が独立を求めて戦い、アメリカ海軍はそこでもスペインとの海戦に勝利した。この年の12月にスペインは敗戦を認め、スペイン政府はキューバの独立を承認した。

❖ **マニラ湾の海戦**
1898年5月1日、フィリピンのマニラ湾の海戦でスペイン艦隊が撃破されるのを、アメリカ海兵隊が海岸から眺めている。米西戦争の最初の重要な戦いになったこの海戦で、アメリカは決定的な勝利をものにした。

ウィリアム・マッキンリー

# セオドア・ローズヴェルト
## THEODORE ROOSEVELT
### 26代 ✧ 1901-1909［共和党］

マッキンリーが暗殺されたため、セオドア・ローズヴェルトは思いがけず大統領に就任することになった。しかし彼は有能で行動的な指導者となり、変化をもたらす固い決意によって政府の評判を飛躍的に高めた。ローズヴェルトは不公正な慣行をやめさせるために大企業に対する取り締まりを強化し、アメリカの食品衛生を向上させる法案を推進し、国内の国立公園の数を増やした。外交面ではパナマ運河の建設を指揮し、日露戦争を終わらせるためにポーツマス条約の締結に尽力してノーベル平和賞を受けた。

ボクシングで浴びたパンチがもとで、ローズヴェルトの左目はほとんど見えなかった。

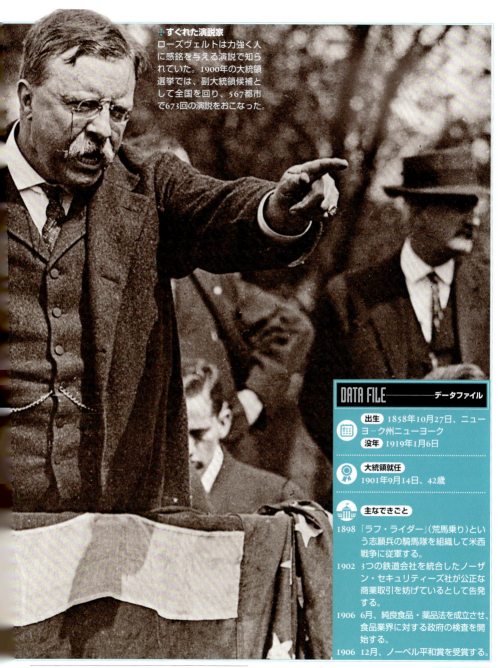

### すぐれた演説家
ローズヴェルトは力強く人に感銘を与える演説で知られていた。1900年の大統領選挙では、副大統領候補として全国を回り、567都市で673回の演説をおこなった。

## DATA FILE ― データファイル

**出生** 1858年10月27日、ニューヨーク州ニューヨーク
**没年** 1919年1月6日

**大統領就任**
1901年9月14日、42歳

**主なできごと**
1898 「ラフ・ライダー」(荒馬乗り)という志願兵の騎馬隊を組織して米西戦争に従軍する。
1902 3つの鉄道会社を統合したノーザン・セキュリティーズ社が公正な商業取引を妨げているとして告発する。
1906 6月、純良食品・薬品法を成立させ、食品業界に対する政府の検査を開始する。
1906 12月、ノーベル平和賞を受賞する。

セオドア・ローズヴェルト

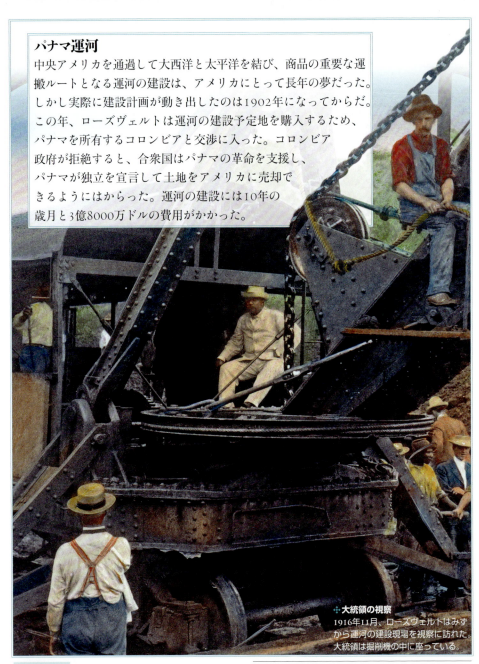

## パナマ運河

中央アメリカを通過して大西洋と太平洋を結び、商品の重要な運搬ルートとなる運河の建設は、アメリカにとって長年の夢だった。しかし実際に建設計画が動き出したのは1902年になってからだ。この年、ローズヴェルトは運河の建設予定地を購入するため、パナマを所有するコロンビアと交渉に入った。コロンビア政府が拒絶すると、合衆国はパナマの革命を支援し、パナマが独立を宣言して土地をアメリカに売却できるようにはからった。運河の建設には10年の歳月と3億8000万ドルの費用がかかった。

❖ **大統領の視察**
1916年11月、ローズヴェルトはみずから運河の建設現場を視察に訪れた。大統領は掘削機の中に座っている。

## 自然資源の保護と開墾法

ローズヴェルトは自然環境に深い関心を寄せ、「偉大な自然保護活動家」と呼ばれた。1902年に成立させた開墾法により、西部の土地を売却した利益によって基金を設立し、水不足で農業に適さない土地の灌漑を目的としたダムを建設する費用にあてることにした。また、ローズヴェルトは森林管理局を設立し、50万5900平方キロメートルの森林をあらたに国有林とした。1903年にはフロリダにはじめての野生生物保護区を作った。

❖ **環境保護**

ローズヴェルトは自然保護活動家のジョン・ミューアとともに、ヨセミテ国立公園で3日間キャンプをした。その間にミューアは、ヨセミテ国立公園として保護されている地域を拡大するよう大統領を説得した。

# ウィリアム・H・タフト
## WILLIAM H. TAFT
### 27代 ✤ 1909−1913［共和党］

ウィリアム・H・タフトは大統領に就任する前に合衆国訟務長官とフィリピン総督を務め、幅広い経験を積んだ政治家だった。法律家としていくつもの官職を歴任したタフトは、最高裁判事になることを希望し、大統領選挙には消極的だった。彼は大統領に就任すると、まっさきに関税の切り下げに取り組んだ。また、アメリカの国際的な影響力を高めるために、外国に投資する「ドル外交」と呼ばれる政策を進めた。在職中にニューメキシコ州とアリゾナ州が連邦に加盟したことによって、タフトは隣接した48州からなる「合衆国本土」を代表する初の大統領となった。

## ペイン＝オルドリッチ関税法

上院議員のセレーノ・E・ペインとネルソン・W・オルドリッチにちなんでペイン＝オルドリッチ関税法と呼ばれる法案が1909年に議会を通過した。合衆国に入ってくる商品にかけられる関税の引き下げを目的とした法案だったが、議会での支持は低く、関税率をごくわずかしか下げられなかった。タフトはこの法案を支持したために多数の共和党員を敵に回した。この風刺画は「傷だらけ」の関税法案を大統領が歓迎している姿を描いている。

✧ 始球式
ニューヨークの野球場に妻のヘレンとともに姿を見せたタフト大統領。プロ野球シーズンの始まりに大統領が始球式をする習慣はタフトから始まった。

## DATA FILE ─ データファイル

**出生** 1857年9月15日、オハイオ州シンシナティ
**没年** 1930年3月8日

**大統領就任**
1909年3月4日、51歳

**主なできごと**
1890 合衆国訟務長官に就任する。
1901 フィリピン総督に就任する。
1904 セオドア・ローズヴェルト大統領のもとで陸軍長官に就任する。
1909 ペイン=オルドリッチ関税法に署名する。

体重150キロのタフトは史上もっとも太った大統領で、ホワイトハウスに特製のバスタブを備えつけさせた。

ウィリアム・H・タフト

# ウッドロー・ウィルソン
WOODROW WILSON

28代 ✧ 1913-1921［民主党］

大学教授だったウッドロー・ウィルソンは、有能で意志の堅い大統領になった。ウィルソンは熱心に改革に取り組み、関税引き下げを推進し、連邦取引委員会を設立して不公平な商取引を取り締まった。最初は国外の戦争に巻き込まれないように努めたが、数隻のアメリカ船がドイツに攻撃されると、第1次世界大戦への参戦に踏み切った。のちに戦後の平和交渉に尽力した業績を評価されて、ノーベル平和賞を受賞した。

## DATA FILE ― データファイル

- 出生　1856年12月28日、ヴァージニア州スタントン
- 没年　1924年2月3日

**大統領就任**
1913年3月4日、56歳

**主なできごと**
- 1890　プリンストン大学の政治学教授に就任する。
- 1917　上院で第1次世界大戦の参戦国に向けて「勝利なき平和」を訴える演説をおこなう。

▶ イーディス・ウィルソン［132ページ］
▶ 禁酒法［166-167ページ］
▶ 婦人参政権［168-169ページ］

ウィルソンは
ホワイトハウスの芝生で
羊の群れを
飼っていた。

## ベルサイユ条約

第1次世界大戦が終結するかなり前に、ウィルソンは世界に平和を取り戻すために「14か条」と呼ばれる講和条件を提唱した。そこで彼は敗戦国に対する穏健な扱いと、世界平和の推進のために「国際連盟」の設立を求めた。しかし1919年にフランスのパリで和平交渉が始まると、ヨーロッパ諸国の指導者はウィルソンの希望よりもはるかに厳しい条件をドイツに突きつけた。合衆国上院はベルサイユ条約の批准と国際連盟への加盟を拒否し、ウィルソンの平和構想はアメリカ国内でも挫折した。

### 4大国

講和に関する決議のほとんどは、イタリア、イギリス、フランス、アメリカの4大国によってなされた。写真は講和会議に臨むイタリア首相ヴィットリオ・エマヌエーレ・オルランド、イギリス首相デヴィッド・ロイド・ジョージ、フランス首相ジョルジュ・クレマンソー、アメリカ大統領ウィルソン（前列左から右）。

# ウォーレン・G・ハーディング
**WARREN G. HARDING**

29代 ✢ 1921－1923［共和党］

新聞社の社主として財産を築いたウォーレン・G・ハーディングは、1920年の大統領選挙で妥協の末に選ばれた共和党候補だった。戦後の「平常への回帰」を訴えて選挙に勝ったが、大統領としては指導力に欠け、大きな改革はごくわずかしか実現できなかった。彼は1921年に予算局を設立して政府支出に規制を設けたが、在職中は数々の不正行為がおこなわれた。1923年にハーディングが突然死亡した後、これらのスキャンダルが次々に明るみに出た。

## DATA FILE — データファイル

**出生** 1865年11月2日、オハイオ州コルシカ（現在のブルーミング・グローヴ）
**没年** 1923年8月2日

**大統領就任** 1921年3月4日、55歳

**主なできごと**
- 1914 オハイオ州選出の連邦上院議員になる。
- 1921 予算会計法を成立させ、それをもとに予算局を設立する。
- 1921 合衆国はベルサイユ条約を批准しなかったため、ドイツ、オーストリア、ハンガリーと講和条約を結ぶ。

ハーディングは音楽好きで、吹奏楽団でアルトホルンを演奏した。

### 始球式
ハーディング大統領は1921年のプロ野球シーズンの始まりに、ワシントンセネターズ対ボストンレッドソックスの試合で始球式をおこなった。

### ワシントン会議
第1次世界大戦が終わると、海軍力の増強があらたな戦争につながるのではないかという不安が生じた。ハーディングは各国が新しく建造できる戦艦の数を制限するために、1921年にワシントンで国際会議を開催した。9か国が参加したこの会議は、アメリカで開かれた最初の国際会議であり、多数の国際条約が結ばれた。

# キャルヴィン・クーリッジ

**CALVIN COOLIDGE**
30代 ❖ 1923－1929［共和党］

雑貨店主の息子だったキャルヴィン・クーリッジは、マサチューセッツ州知事時代にボストンの警察官のストライキを断固とした態度で鎮圧したことで、全国的な称賛を浴びた。1923年にハーディング大統領が突然死亡した後を受けて大統領に就任し、前政権の不祥事で失われた政府への信頼を回復した。クーリッジは政府の干渉を最小限にとどめるべきだと考え、控えめな政治をおこない、政府の関与が大きすぎると思われる多数の法案に拒否権を行使した。また、政府の予算を制限し、所得税の減税を実施したが、1929年の株式市場の大暴落につながる経済的兆候に気づくことはできなかった。

## ミシシッピ川大洪水

1926年4月に発生したミシシッピ川の洪水は、アメリカ史上最悪の被害をもたらした。クーリッジは対応の遅れと、洪水の被災者を支援する政府資金の拠出に反対したことで非難された。250人を超える人命が奪われ、数千人が家を失った。

## DATA FILE — データファイル

**出生** 1872年7月4日、ヴァーモント州プリマス・ノッチ
**没年** 1933年1月5日

**大統領就任** 1923年8月3日、51歳

**主なできごと**

1924 合衆国に入国を認められる移民の数を制限する移民法を成立させる。この法により、北ヨーロッパからの移民がその他の地域よりも優遇される。
1926 所得税を減税する歳入法に署名する。
1928 他の14か国とともに、国際紛争を戦争によって解決しないことに同意してケロッグ－ブリアン条約を結ぶ。

キャルヴィン・クーリッジは口数が少なかったので、「無口なキャル」というあだ名がついた。

# ハーバート・フーヴァー
**HERBERT HOOVER**

31代 ✣ 1929-1933 [共和党]

ハーバート・フーヴァーはクエーカー教徒の家庭に生まれ、鉱山技師として財をなした。政界に入る前に、無償で食糧を配布する人道的支援活動を成功させたことで知られ、有力な大統領候補とみなされるようになった。しかし大統領就任後わずか7か月で株式市場が大暴落した。それをきっかけに大恐慌が起こり、大統領への信頼は失われた。失業と貧困が悪化し、フーヴァーは所得税減税などの手立てを講じたが、ほとんど効果はなかった。

## DATA FILE ─── データファイル

**出生** 1874年8月10日、アイオワ州ウェスト・ブランチ
**没年** 1964年10月20日

**大統領就任**
1929年3月4日、54歳

**主なできごと**
1917 第1次世界大戦中、食糧庁長官に就任し、食料不足に苦しむ国民を支援する。
1930 海外の農産物との競争からアメリカの農民を保護するために関税を引き上げるが、他国も報復として関税を引き上げたため、恐慌がいっそう悪化する。

▶ ルー・フーヴァー [133ページ]

## ウォールストリート暴落

1929年10月29日、アメリカ株式市場（ニューヨークのウォールストリート）が大暴落し、全米に広がる恐慌のきっかけを作った。商業活動は落ち込み、失業率は急上昇し、銀行が次々に倒産した。国民生活の支援は連邦政府の仕事ではないとフーヴァーは考えていたので、人々は写真のような無料食堂に救いを求めて群がった。

フーヴァーは恐慌にあえぐ人々から恨まれ、掘立小屋が並ぶ集落は「フーヴァー村」と呼ばれて皮肉られた。

✤ **ファーストレディとともに**
フーヴァー大統領と妻のルー・フーヴァー。夫妻がはじめて出会ったのはカリフォルニアのスタンフォード大学で、ルーは地質学を専攻するただひとりの女子学生だった。

# フランクリン・D・ローズヴェルト
FRANKLIN D. ROOSEVELT
## 32代 ✥ 1933-1945 [民主党]

フランクリン・D・ローズヴェルトは大統領選挙で4選を果たし、アメリカ史上一番長い期間務めた大統領として、この国でもっとも偉大な指導者のひとりに数えられている。1921年にポリオにかかって両足が不自由になったが、その後政界に復帰してニューヨーク州知事になった。大恐慌のさなかに大統領に就任し、危機を乗り越えるためにさまざまな政策を打ちだした。「われわれが恐れなければならないのは、恐れそのものである」という就任演説はよく知られている。ローズヴェルトは「ニューディール」(新規巻き直し)政策によって経済の立て直しを進め、国際社会ではアメリカを指揮して第2次世界大戦の荒波を乗り越えた。

## DATA FILE —— データファイル

 **出生** 1882年1月30日、ニューヨーク州ハイドパーク
**没年** 1945年4月12日

 **大統領就任**
1933年3月4日、51歳

 **主なできごと**
1921 ポリオにかかり、下半身が麻痺する。
1933 3月、緊急銀行法を成立させ、一時的に銀行を閉鎖して預金者が預金の引き出しに殺到するのを防ぐ。その後の百日議会で数々の救済法を成立させる。
1933 12月、禁酒法を撤廃する。
1945 4期目に入って3か月後、脳溢血で死亡する。

▶エレノア・ローズヴェルト[134-135ページ]

決して写真や映像に映し出されることはなかったが、**ローズヴェルト**は生涯の大半を車いすで生活した。

✣ **炉辺談話**
ローズヴェルト大統領はラジオを通して定期的に国民に語りかけた。「炉辺談話」と呼ばれるこの放送は、恐慌の間に国民を勇気づけた。

## ニューディール政策

大恐慌によって1500万人が職を失い、ローズヴェルトは「ニューディール」政策を発表して国民に失業対策を約束した。州政府が失業者を支援できるように各州に直接補助金を支給するとともに、道路建設や植林など、仕事を作り出すために連邦政府によるさまざまな事業を計画した。これらの政策は多くの人々を救い、アメリカ経済の回復に貢献した。

### ✤ 失業者救済事業

ローズヴェルトが実施した公共事業によって、数万人のアメリカ人が食べていけるようになった。この写真では、ニューヨーク市内のニューディール関連事業で働く労働者が、無料の食事の配給を受けている。

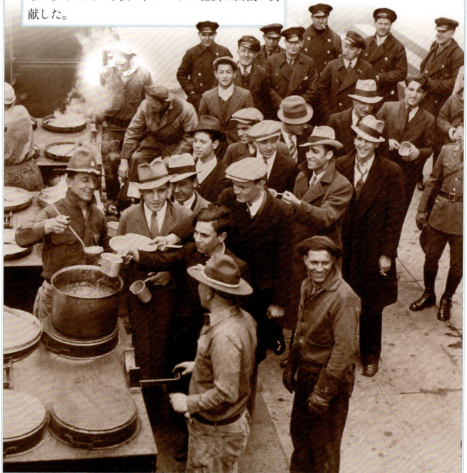

## 真珠湾攻撃

アメリカは第2次世界大戦に参戦しないとローズヴェルトは公約していたが、1941年12月7日に日本がハワイの真珠湾にある合衆国海軍基地に奇襲攻撃をかけたことにより、その公約はくつがえされた。翌日ローズヴェルト大統領は日本とその同盟国に宣戦布告した。それから数年かけてローズヴェルトは次第に派遣する兵力を増やし、ついにアメリカを勝利に導いた。

**日本空軍**による**真珠湾攻撃**は**110分続いた。**

❖ **大きな犠牲**
日本の爆撃機による攻撃を受けて、アメリカ海軍の戦艦アリゾナから煙が上がっている。真珠湾攻撃で合計2400人のアメリカ兵が死亡し、19隻の戦艦が破壊された。

# ハリー・S・トルーマン

HARRY S. TRUMAN

33代 ✣ 1945-1953［民主党］

ミズーリ州出身の小間物屋だったハリー・S・トルーマンは、1945年にフランクリン・D・ローズヴェルトが急死したために大統領の地位を引き継いだ。第2次世界大戦の最後の数か月間、彼はアメリカを指揮しながら数々の大きな問題に直面し、日本に原爆を投下するという難しい決断を下した。トルーマン大統領の在職中にアメリカと共産主義国ソ連との間に冷戦が始まり、両国間の緊張は次第に高まった。トルーマンは他国にソ連の共産主義の影響が及ぶのを防ぐため、いくつもの手立てを講じた。その政策はトルーマン・ドクトリンと呼ばれている。

## 原爆

1945年5月に原爆の製造に成功すると、トルーマンは日本との戦争を終わらせるために原爆の使用を決意した。その年の8月、日本の長崎と広島に原爆が投下された。これらの都市は壊滅的な被害を受け、およそ20万人が死亡した。まもなく日本は降伏した。

## DATA FILE ─ データファイル

**出生** 1884年5月8日、ミズーリ州ラマー
**没年** 1972年12月26日

**大統領就任**
1945年4月12日、60歳

**主なできごと**

- 1947 国家安全保障法を成立させ、それにもとづいて中央情報局(CIA)を設立する。
- 1948 第2次世界大戦後のヨーロッパを支援するため、数十億ドルを支給するマーシャル・プランを承認する。
- 1948 ベルリン空輸作戦を承認する。西ベルリンがソ連の支配下にある東ドイツに取り込まれるのを防ぐため、西ベルリンに生活必需品が空輸された。
- 1950 北朝鮮の共産主義者と戦うために、朝鮮戦争に米軍を派遣する。
- 1950 上院議員のジョゼフ・マッカーシーが政府の主要人物を共産主義者だと告発する演説をおこない、トルーマンはこれを非難する。しかしマッカーシーに不安をあおられたアメリカでは「マッカーシズム」と呼ばれる時期が数年間続き、共産主義の疑いをかけられた多くの人々が迫害された。

> 大統領になるのは
> 虎を乗りこなす
> ようなものだ。

ハリー・S・トルーマン

# ドワイト・D・アイゼンハワー
DWIGHT D. EISENHOWER
34代 ✤ 1953－1961［共和党］

ドワイト・D・アイゼンハワーは第2次世界大戦中にいくつもの作戦を指揮した戦争英雄である。政治経験はなかったが、断固とした外交政策の推進を公約して大統領選挙に圧勝した。大統領に就任すると、戦争を回避しながらアジアや中近東での共産主義の拡大を抑えるために奮闘した。また、ソ連との緊張緩和にも努め、初の超大国首脳会談を実施した。大統領の2期目には健康上の問題に苦しんだが、アメリカの強い経済成長に支えられ、人気は衰えなかった。

アイクという愛称で呼ばれていたアイゼンハワーは、大統領選挙で「アイ・ライク・アイク」（私はアイクが好き）というスローガンで勝利を収めた。

### DATA FILE — データファイル

- **出生** 1890年10月14日、テキサス州デニソン
- **没年** 1969年3月28日

**大統領就任**
1953年1月20日、62歳

**主なできごと**
- 1944 第2次世界大戦中、連合国最高司令官としてD－デイ[作戦決行日の6月6日を指す]のノルマンディー上陸作戦を指揮する。
- 1945 合衆国陸軍参謀総長に任命される。
- 1955 イギリス、フランス、ソ連の首脳とともにジュネーブ会談に出席し、超大国による初の会談が実現する。

ドワイト・D・アイゼンハワー

## 公民権運動

1950年代になってからも、アメリカ南部では多くの州で教育における人種隔離が続き、アフリカ系アメリカ人と白人の生徒は別々の学校に通っていた。1954年、最高裁判所はこの状態を違憲と判断し、ただちに学校の人種統合を命じた。しかしアーカンソー州リトルロックの教育委員会が統合計画を発表すると、アーカンソー州知事は黒人生徒が高校に入学するのを阻止するため、州兵を動員した。アイゼンハワーは連邦軍を派遣し、黒人生徒が学校に通えるように護衛した。

### 敵意の中の登校
エリザベス・エックフォードは1957年9月4日にアーカンソー州リトルロックのセントラル高校に入学しようとした9人の黒人生徒のひとりだ。登校を阻止しようとして罵声を浴びせる群衆に取り巻かれている。

> マーキュリー計画初の「宇宙飛行士」は、**サム**という名の**アカゲザル**だった。

## 宇宙開発競争

1957年10月、ソ連が史上初の人工衛星スプートニク1号を打ち上げたというニュースが伝わると、アメリカは衝撃を受け、2大国間の「宇宙開発競争」が始まった。1958年1月31日、アメリカ初の人工衛星エクスプローラー1号が打ち上げられた。同じ年の年末に、アイゼンハワーはアメリカ人宇宙飛行士を宇宙に送りだすという目標を掲げて、アメリカ航空宇宙局(NASA)を設立した。

✧ **マーキュリー計画**
1958年に発足したマーキュリー計画は、ソ連が有人宇宙飛行を達成する前に、アメリカ人を宇宙に送り出すことを目指した。1961年、ソ連の宇宙飛行士ユーリ・ガガーリンが宇宙に飛び出した初の人類となり、そのわずか3週間後にアメリカ初の宇宙飛行士アラン・シェパード(写真後列左)が宇宙飛行を成功させた。

ドワイト・D・アイゼンハワー

# ジョン・F・ケネディ
**JOHN F. KENNEDY**
35代 ✛ 1961 - 1963 ［民主党］

カリスマ的な魅力の持ち主ジョン・F・ケネディは、史上最年少で大統領に選出された。在職中は積極的な外交政策を採用し、キューバやベトナムに共産主義が広まるのを食い止めるために、軍事力の行使を容認した。冷戦の緊張が高まる中で、彼はソ連を説得して核実験を制限する核実験停止条約を結んだ。国内では公民権運動を推進し、学生の人種隔離をやめさせるために南部の大学に軍隊を派遣した。

✛ **大統領選挙**
若く魅力的なカップルのケネディと妻のジャッキーに、多くの有権者が魅了された。ニューヨーク市内で紙吹雪の舞う中をパレードするケネディ夫妻。

## DATA FILE ─ データファイル

 **出生** 1917年5月29日、マサチューセッツ州ブルックリン
**没年** 1963年11月22日

 **大統領就任**
1961年1月20日、43歳

 **主なできごと**

- 1961 3月、アメリカ国民が開発途上国に支援を提供するためのボランティア計画として、平和部隊を創設する。
- 1961 4月、CIAの訓練を受けた亡命キューバ人によるキューバ侵攻を許可する。この作戦は失敗に終わり、ケネディは捕虜の解放のために交渉を強いられる。
- 1961 5月、連邦議会に向けて、人類を月に送り込むという目標を発表する。
- 1963 6月、公民権に関する有名な演説をおこない、のちに後継者のリンドン・B・ジョンソン大統領によって成立する公民権法案を提案する。
- 1963 7月、ソ連と核実験停止条約を調印する。
- 1963 11月、46歳の若さで暗殺される。

▶ジャクリーン・ケネディ[136ページ]

> 国があなたのために
> 何をしてくれるかではなく、
> あなたが国のために
> 何ができるかを
> 考えようではありませんか。

ジョン・F・ケネディによる大統領就任演説、1961年

✣ 核の脅威
アメリカの偵察機が撮影したこのような空中写真がキューバのミサイル基地の存在を明らかにし、ケネディに証拠として提出されたに違いない。

キューバ危機の間、政府はケネディが公の場に姿を現さない理由を説明するために、大統領は風邪を引いたと言い訳した。

### キューバミサイル危機

1962年10月、アメリカからすぐそこの距離にあるキューバに、ソ連が核ミサイル基地を建設していることがアメリカの偵察要員によって発見された。これはアメリカの安全を著しく脅かすもので、ケネディはソ連に基地の破壊とミサイルの撤去を要求した。さらにソ連船がキューバに近づくのを阻止するため、キューバの海上封鎖を海軍に命じた。合衆国とソ連は一触即発の危機におちいり、世界は核戦争の瀬戸際まで近づいた。13日間のにらみ合いののち、ようやくソ連の指導者ニキータ・フルシチョフが譲歩し、キューバからのミサイルの撤去に同意した。

## 暗殺

1963年11月22日、ケネディは1964年の大統領選挙のキャンペーンのためにテキサス州ダラスを訪れた。市中をパレードしていた大統領を暗殺者が狙撃した。ケネディはほとんど即死だった。若き大統領の残酷な死は、世界中に衝撃を与える悲劇だった。リー・ハーヴェイ・オズワルドが殺害犯として逮捕されたが、2日後に彼もまた射殺された。オズワルドがケネディを暗殺した動機はいまだに解明されておらず、この事件は大がかりな陰謀の一部だと信じている人は多い。

### ❖ 運命のパレード

ケネディは妻のジャッキーとともにオープンカーに乗って移動中に殺害された。同乗していたテキサス州知事ジョン・コナリーも撃たれて負傷した。

# リンドン・B・ジョンソン
## LYNDON B. JOHNSON
### 36代 ✧ 1963－1969 [民主党]

リンドン・B・ジョンソンは下院と上院の両方を経験した実績のある政治家で、暗殺されたジョン・F・ケネディの後を引き継いで、思いがけず大統領に就任した。彼は教育と福祉改革を通じて「偉大な社会」を築くという理想を抱いていた。ジョンソンは貧困と戦うための法案を成立させるだけでなく、雇用における人種差別を禁止し、アフリカ系アメリカ人の投票権を守るための政策を推進した。しかし在職中にアメリカはベトナム戦争に深くかかわるようになり、彼は国民の支持を失ってホワイトハウスを去った。

✧ **選挙運動**
1964年の大統領選挙のためにキャンペーン活動をするジョンソン。彼はこの選挙で対立候補のバリー・ゴールドウォーターに大差をつけて勝った。

## DATA FILE データファイル

**出生** 1908年8月27日、テキサス州ストーンウォール
**没年** 1973年1月22日

**大統領就任**
1963年11月22日、55歳

**主なできごと**

1964 公民権法に署名する。
1964 経済機会法に署名し、「貧困との戦い」を開始する。
1965 7月28日、米軍のベトナム派遣を許可する。米軍の兵力は急速に増加し、1966年までに40万人に達する。
1965 7月30日、低所得者と高齢者に病院と医療保険を提供する公的医療保険制度を成立させる。

▶「レディバード」・ジョンソン［137ページ］

ジョンソンは史上はじめて機上で大統領就任宣誓をおこなった。

## 公民権法

奴隷制が廃止され、アフリカ系アメリカ人に投票権が与えられても、彼らに対する差別は、特に南部に根強く残っていた。1964年にジョンソンは公民権法に署名し、ホテルやレストランなど、公共施設での人種隔離を禁じた。雇用主が肌の色を理由に差別することも違法とされた。さらにジョンソンは1965年に投票権法を成立させ、識字試験など、アフリカ系アメリカ人の投票を妨害するために利用されてきたさまざまな習慣を禁止した。

### 法案に署名

ジョンソンはアメリカを「偉大な社会」にするという理想を実現するために、数々の法案の成立に尽力した。ここでは大統領が公民権法に公式に署名した後、公民権運動家のマーティン・ルーサー・キング・ジュニアと握手している。

## ベトナム戦争

ベトナムでは1954年以来紛争が続き、南ベトナム政府は北ベトナムが支援する共産主義者のゲリラ組織であるベトコンを排除するために戦っていた。アメリカはすでに南ベトナムに軍事顧問を派遣していたが、1964年にジョンソンは軍隊の派遣と北ベトナムおよびカンボジアの拠点への爆撃を決定した。ベトナムに派遣された兵力はふくれ上がる一方で、1964年の3500人から1968年には55万人まで増加した。アメリカ兵の死傷者数が増大するにつれ、全米で大規模な反戦デモがくり広げられ、1968年3月、ジョンソンはベトナムへのアメリカの介入を縮小することに同意した。

### 部隊の空輸

ベトナムではアメリカ軍の戦闘地帯への移動にヘリコプターが活用された。アメリカ兵は厳しい地形での戦闘に慣れていなかったため、戦闘中に多くの死傷者を出した。

# リチャード・M・ニクソン
RICHARD M. NIXON
37代 ❖ 1969－1974［共和党］

政治の仕組みを知り抜いた抜け目ない断固とした政治家として、リチャード・M・ニクソンはドワイト・D・アイゼンハワーのもとで副大統領を務め、1968年に大統領に選出された。大統領任期の前半は外交問題に力を入れた。ベトナムに派兵する米軍の規模を縮小し、ベトナム戦争の終結について協議し、ソ連と重要な軍縮条約に調印した。また、アメリカ大統領として初めて中国を訪問した。国内ではインフレ抑制政策をとったが、ウォーターゲート事件で政治生命を断たれ、大統領を任期途中で辞任した。

> ニクソンは任期中に辞任したただひとりの大統領だ。

## DATA FILE — データファイル

**出生** 1913年1月9日、カリフォルニア州ヨルバ・リンダ
**没年** 1994年4月22日

**大統領就任**
1969年1月20日、56歳

**主なできごと**
1970 公害の監視と抑制のために環境保護局を設立する。
1971 インフレ抑制のために90日間給与と物価を凍結する。
1972 2月、外交関係を結ぶために中国を訪問する。
1972 5月、ソ連との間で両国が保有できる核ミサイルの数を制限する戦略兵器制限交渉(SALT)をまとめ、条約に調印する。

## 月面着陸

写真はニール・アームストロングが撮影したバズ・オルドリン（月面に降り立った2番目の人類）。ふたりの宇宙飛行士は月面におよそ2時間滞在し、アメリカ国旗を残した。

> すべての**アメリカ人**にとって、今日は生涯でもっとも**誇らしい日**になるでしょう。
>
> 月面着陸を称えるニクソンの言葉

### 月面に降り立った最初の人類

1961年、ケネディ大統領は10年以内に月に人類を送りこむという目標を発表し、目標達成のために米航空宇宙局（NASA）にアポロ計画を推進させた。1969年7月20日、アポロ11号は月面に着陸し、船長のニール・アームストロングが月面を踏んだ最初の人類になった。この歴史的快挙はテレビで放送され、ニクソンは無線を使ってふたりの宇宙飛行士を祝福した。

## ウォーターゲート事件

ニクソンが再選を目指して選挙運動をしていた1972年、ウォーターゲート・ホテルにある民主党全国委員会本部に数人の男が忍び込んだ。この不法侵入を調査したところ、古参の共和党員が民主党の選挙活動をひそかに録音しようとしたことや、政敵に対して非合法な行為をしていたことが明らかになった。ニクソンは事件への関与を否定したが、ホワイトハウスのニクソンの執務室に設置された録音装置に残された音声によって、彼が事実を隠そうとしたことが暴露された。1974年7月に上院が弾劾裁判の手続きに入ると、ニクソンは辞任した。

❖ **ニクソンを弾劾せよ**
1973年10月、人々はニクソンの弾劾を要求してデモ行進した。大統領が辞任しなければ、上院による弾劾裁判にかけられ、まちがいなく罷免されただろう。

# ジェラルド・R・フォード
## GERALD R. FORD
### 38代 ❖ 1974−1977［共和党］

ジェラルド・R・フォードは、ウォーターゲート事件が原因で辞任したリチャード・R・ニクソンンの後を継いで大統領に就任した。大学時代はフットボールのスター選手で、ロースクールを卒業している。連邦議会で長い間議員を務め、誠実さを高く評価された。しかし大統領就任後まもなく、彼はニクソンに「完全な、無条件の、絶対的な恩赦」を与えたために人気を失った。短い任期の間に、彼は高まるインフレと失業というアメリカのふたつの経済問題の解決に努力した。外交面では、米軍のベトナムからの撤退の最終段階を指揮した。

## DATA FILE ── データファイル

 **出生** 1913年7月14日、ネブラスカ州オマハ
**没年** 2006年12月26日

 **大統領就任**
1974年8月9日、61歳

 **主なできごと**
1973 副大統領のスパイロ・T・アグニューが脱税を告発されて辞任した後を受けて、副大統領に就任する。
1974 ニクソン前大統領に恩赦を与える。
1974 財政問題について大統領に助言を与える経済政策委員会を設置する。
1975 2度の暗殺の企てから逃れる。

▶ベティ・フォード［138ページ］

フォードは一度も選挙で選ばれることなく副**大統領**と**大統領**に就任したただひとりの**大統領**である。

## サイゴン陥落

1975年までに、共産主義勢力の南ベトナム解放民族戦線は南ベトナムの大半を制圧し、首都サイゴンに侵攻する準備を始めた。多数の南ベトナム軍兵士が船で脱出し、フォード大統領もアメリカ人やその他の民間人を救助するために大規模な空輸作戦を命じた。ベトナム戦争はこうして終わりを迎えた。

ジェラルド・R・フォード

# ジミー・カーター
## JIMMY CARTER
### 39代 ✣ 1977-1981 [民主党]

ジョージア州生まれのジミー・カーターは、父が経営するピーナツ農場で成長した。困難な時期に大統領に就任し、いくつもの社会改革を推進したが、高まる失業率とインフレによって支持率は低下した。国外では人道主義的な外交政策をとり、人権の尊重を訴え、平和条約の締結を仲介した。しかし、任期中の1979年にソ連軍がアフガニスタンに侵攻すると、ソ連との間にふたたび冷戦の緊張が高まった。任期の最後はイラン・アメリカ大使館人質事件に苦しめられた。過激なイスラム教徒の学生がテヘランでアメリカ大使館員を人質に取った事件で、カーターは彼らを解放するために1年以上も悪戦苦闘しなければならなかった。

## キャンプデーヴィッド合意

1978年9月、カーターはエジプト大統領アンワル・サダト(左)とイスラエル首相メナヘム・ベギン(右)をキャンプデーヴィッドにある大統領の別荘に招いた。彼らは13日後に歴史的な協定に調印し、1947年以来はじめて両国の間に平和がもたらされた。

## DATA FILE — データファイル

**出生** 1924年10月1日、ジョージア州プレーンズ

**大統領就任** 1977年1月20日、52歳

**主なできごと**

- 1977 パナマ運河条約を締結し、運河地帯と運河の管理運営権のパナマへの返還に同意する。
- 1978 エネルギー危機に対処するため、国産の石油と天然ガスの価格規制を解除するが、消費者は大幅な価格の上昇に直面する。
- 1979 ソ連との間に第2次戦略兵器制限条約（SALT II）を締結するが、ソ連のアフガニスタン侵攻により批准が見送られる。
- 2002 国際紛争の解決、特にキャンプデーヴィッド合意に果たした役割を評価され、ノーベル平和賞を受賞する。

▶ ロザリン・カーター［139ページ］

> 政界に入る前、カーターは海軍で潜水艦の乗組員だった。

**ファーストレディとともに**
カーター大統領と妻のルー・フーヴァー夫妻がはじめて出会ったのはカリフォルニアのスタンフォード大学で、ルーは地質学を専攻するただひとりの女子学生だった。

# ロナルド・レーガン
RONALD REAGAN
40代 ✣ 1981 – 1989［共和党］

「偉大な伝達者」として知られるロナルド・レーガンは、映画俳優から政界に身を転じ、カリフォルニア州知事を8年間務めた。大統領に就任したばかりの頃に暗殺未遂事件が起こるが、一命をとりとめている。その後は大統領としての1期目の大半をかけて、減税と福祉の削減からなる「レーガノミクス」と呼ばれる政策の実施に努めた。しかし景気は低迷し、財政赤字は増加して2兆ドルを超えた。こうした悪条件にもかかわらず、レーガンはきわめて人気の高い大統領であり続けた。

## DATA FILE データファイル

**出生** 1911年2月6日、イリノイ州タンピコ
**没年** 2004年6月5日

**大統領就任**
1981年1月20日、69歳

**主なできごと**
1981 サンドラ・デイ・オコナーを女性初の最高裁判事に任命する。
1984 民主党候補に20世紀で2番目の大差をつけて大統領に再選される。
1985 増加する財政赤字を抑制するために、グラム・ラドマン・ホリングス法に署名する。

▶ナンシー・レーガン［140ページ］

1940年代に**レーガン**は**ハリウッド**にいる共産主義者を告発する**FBI**の**スパイ**だった。

ロナルド・レーガン

### 米ソ首脳会談
1985年11月、レーガンとミハイル・ゴルバチョフはジュネーブで開かれた米ソ首脳会談で顔を合わせた。こうした会談を通じて、両国の間に長く続いていた緊張が解け始めた。

### ゴルバチョフ登場
レーガン政権の初期、ソ連との関係はきわめて緊張していた。レーガンは戦略防衛構想（通称スターウォーズ計画）の作成を指示した。アメリカを攻撃するソ連のミサイルを迎撃するための防衛計画である。しかしソ連の新しい指導者となったミハイル・ゴルバチョフは1985年にソ連の改革を約束し、レーガンはゴルバチョフに対話を求めた。ふたりの指導者は1987年に中距離核戦力全廃条約に調印し、核兵器の削減に同意した。

## イラン・コントラ事件

1986年、レバノンで人質になっているアメリカ人の解放を目的として、レーガン政権のメンバーがひそかに武器をイランに売っていたことが明らかになった。レーガンは表向きイランへの武器輸出に反対していたため、これは政治的スキャンダルとなった。さらに、武器を売って得た利益はニカラグアの共産主義政権に反対するコントラと呼ばれる反政府ゲリラに送られていたのだが、コントラへの支援は連邦議会によって禁止されていた。調査がおこなわれたが、レーガンがどの程度まで関与していたのかはついに明らかにされなかった。

### 議会の公聴会

議会の委員会はスキャンダルの真相を暴くための公聴会をテレビ中継した。事件の主要人物のひとりであるオリバー・ノース中佐は委員会の前で証言した。

# ジョージ・H・W・ブッシュ
**GEORGE H. W. BUSH**
41代 ✣ 1989－1993［共和党］

ジョージ・H・W・ブッシュは石油産業で経験を積んだ後、ロナルド・レーガンのもとで副大統領として8年間務めた。大統領在職中はソ連の崩壊や、イラクのクウェート侵攻によって始まった湾岸戦争という難題を突きつけられ、外交問題に力の大半を注がなければならなかった。国内では財政赤字削減のための法案を成立させたが、増税と失業率の増加によって支持を失い、再選を阻まれた。

## DATA FILE ─── データファイル

 **出生** 1924年6月12日、マサチューセッツ州ミルトン

 **大統領就任** 1989年1月20日、64歳

 **主なできごと**
- 1989 麻薬の不正取引にかかわった疑いのあるパナマの独裁者ノリエガ将軍を逮捕するため、米軍をパナマに侵攻させる。
- 1990 雇用主が障害を理由に差別することを禁止したアメリカ障害者法に署名する。
- 1990 クウェートからイラク軍を排除するために米軍を派遣する。

▶バーバラ・ブッシュ［141ページ］

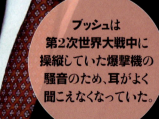

ブッシュは第2次世界大戦中に操縦していた爆撃機の騒音のため、耳がよく聞こえなくなっていた。

108　第1章｜歴代大統領

## ベルリンの壁の崩壊

第2次世界大戦後、ドイツは共産主義の東ドイツ（ソ連側）と資本主義の西ドイツ（アメリカ側）に分断された。1989年、反政府デモが勢いを増し、東ドイツはこれまで東西の行き来を妨げていたベルリンの壁の自由な通行を許可した。この象徴的なできごとによって冷戦に終止符が打たれ、ブッシュ大統領の仲介によって1990年10月にドイツ再統一が実現した。

### 倒される壁

1989年11月9日、東ドイツ国民の西側への自由な出国を許可するという声明が発表され、かつてベルリンをふたつに分断していたベルリンの壁を数千人が通り抜けた。多数の人々があちらこちらで壁を破壊し、壁の上で喜びを爆発させた。

ジョージ・H・W・ブッシュ

# ビル・クリントン
BILL CLINTON
42代 ✤ 1993－2001［民主党］

ウィリアム・J・クリントン（通称ビル）大統領の任期は、その若々しい外見と、医療保険制度改革や予算の均衡の公約によって、希望に満ちたスタートを切った。1期目には北アイルランド、ボスニア、そして中近東で和平交渉を仲介するなど、外交面で多くの功績を上げ、国内では経済的繁栄が続いた。しかし民主党が連邦議会の上院と下院で過半数を失うと、彼の医療保険制度改革は失敗に終わった。クリントンの人気は衰えなかったが、2期目には個人的なスキャンダルで汚点を残した。

高校時代、クリントンはジャズバンドを組んで演奏していた。

## DATA FILE — データファイル

**出生** 1946年8月19日、アーカンソー州ホープ

**大統領就任** 1993年1月20日、46歳

**主なできごと**

- 1978 アーカンソー州知事に選出される。
- 1994 国際貿易を促進するための関税貿易一般協定(GATT)を成立させる協定に署名する。
- 1995 予算の均衡をめぐって、共和党が多数を占める議会と衝突。連邦政府は一時的な機能停止に陥る。
- 1995 北アイルランドを訪問し、のちに結ばれる歴史的なベルファスト合意［別名グッドフライデー合意］に重要な役割を果たす。ベルファスト合意によって、ふたつの政治団体の間に30年間続いた争いが終結する。
- 1998 ホワイトハウスで働く女性インターンとの情事に関する嘘をとがめられ、弾劾裁判にかけられる。弾劾は否決される。

▶ヒラリー・クリントン［142ページ］

### ✣ 再選を勝ち取る

1994年に共和党は議会の両院で過半数を失ったが、クリントンは1996年の大統領選で再選された。彼はフランクリン・D・ローズヴェルト以来、民主党で2期務めた初の大統領である。

## 世界貿易センター爆破事件

1993年2月26日、ニューヨークの世界貿易センタービルで爆弾が爆発し、死者6名、負傷者1000名を超す惨事となった。ビルの地下駐車場に爆弾をしかけた爆破犯のラムジ・ユセフは、中東のテロリスト組織の一員だった。ユセフはのちにパキスタンで逮捕され、終身刑を宣告される。クリントンは政府施設の保安対策強化を訴える演説の中で、このテロ攻撃を非難した。

❖ **避難する人々**
爆発後、停電によって大勢がエレベーター内に閉じ込められた。ビルで働く人々を救助するために消防士が活動している。

爆発した爆弾は手製で、重さが544.3キログラムあった。

## ワイリバー合意

パレスチナのアラブ人とユダヤ人移住者の対立は19世紀から続いていたが、1947年にイスラエルが建国されるといっそう深刻化し、和平の試みはほとんど効果を上げられなかった。1998年、クリントンは両者の仲立ちをして、イスラエル首相ベンヤミン・ネタニヤフとパレスチナの指導者ヤセル・アラファトを和平交渉のためにメリーランド州のワイ・ミルズに招いた。クリントンは、イスラエル存続の権利をパレスチナが承認し、イスラエルに対するテロ攻撃をやめるよう努力するという内容のワイリバー合意を結ぶことに成功した。引き換えに、イスラエルは領土の一部をパレスチナに移管することを約束した。しかし、その後も両国の間では紛争が繰り返された。

❖ **和平交渉**

パレスチナ解放機構のヤセル・アラファト議長（左端）とイスラエル首相のベンヤミン・ネタニヤフ（右端）が握手を交わすのを、ヨルダンのフセイン国王（左から2番目）がクリントン大統領とともに見守っている。フセインとクリントンはともに、この合意の成立を手助けするために重要な役割を果たした。

# ジョージ・W・ブッシュ
**GEORGE W. BUSH**
43代 ✤ 2001 – 2009 ［共和党］

ジョージ・W・ブッシュは第41代大統領ジョージ・H・W・ブッシュの息子で、家族が所有する石油事業で働いてから政界に入った。2000年の大統領選挙はきわめて接戦だったが、大統領として2期を無事に務めた。ブッシュ政権を襲った最大のできごとは同時多発テロ事件で、彼はすぐさま「テロとの戦い」を宣言した。その一環として、テロ組織アルカイダを壊滅させるために米軍をアフガニスタンに派遣し、独裁者サダム・フセインを倒すためにイラクへも米軍を送った。

2005年、信管に点火した手りゅう弾がブッシュに投げつけられたが、爆発しなかったため暗殺は未遂に終わった。

## DATA FILE ── データファイル

**出生** 1946年7月6日、コネチカット州ニューヘブン

**大統領就任** 2001年1月20日、54歳

**主なできごと**

- 2001 3月、地球温暖化防止のために参加国に温暖化ガス排出削減を求める京都議定書に批准しないことを表明する。
- 2001 5月、総額1兆3500億ドルの減税を認める法案に署名する。その結果、政府の財政赤字が増加する。
- 2001 10月、政府当局が情報収集する権限を拡大する愛国者法に署名する。
- 2001 10月、アフガニスタンで軍事行動を開始する。
- 2002 新しい学力テストを導入し、学校が生徒の学力向上に責任を負う、いわゆる「落ちこぼれゼロ法」を成立させる。

▶ローラ・ブッシュ［143ページ］
▶波乱の大統領選挙［196-197ページ］

### ✥ ブッシュと海軍

2004年12月7日、日本軍による真珠湾攻撃の63年目の記念日に、キャンプ・ペンドルトン海兵隊基地で演説するブッシュ大統領。在職中、ブッシュは防衛費を大幅に増加した。

✧ **炎上する世界貿易センタービル**
2機の航空機が突入した直後に、世界貿易センタービルのツインタワーから煙と炎が噴き出している。この大規模攻撃に世界中が衝撃を受けた。

## 同時多発テロ事件

2001年9月11日、テロ組織アルカイダのメンバーが4機の航空機をハイジャックした。最初の1機がニューヨークの世界貿易センタービル・ツインタワーの北棟に突入し、15分後に2機目が南棟に突入した。2時間後には北棟、南棟ともに崩壊し、3000人以上の人が亡くなった。3機目はヴァージニア州にある国防総省本庁舎(ペンタゴン)に突入し、4機目は乗客がハイジャック犯に反撃を試みた後、墜落している。この衝撃的なテロ行為はアメリカ国民に深い傷を与えた。ブッシュはただちに「テロとの戦い」を宣言し、テロなどの脅威に対抗するために、アメリカ合衆国国土安全保障省を創設した。

## イラク戦争

2002年、ブッシュはサダム・フセイン率いるイラク政府が化学兵器と核兵器を開発していると非難した。国連査察団はこれらの兵器が存在する証拠を発見できなかったにもかかわらず、アメリカと同盟国は2003年にイラクに侵攻した。米軍は4月9日に首都バグダードを制圧し、フセイン政府を退陣させた。しかし、そのためにイスラム教の異なる宗派の間で武力衝突を引き起こす結果になった。その後のイラク安定化の努力には長い年月を要した。2016年までに4800人以上の米兵が死亡し、この戦争の正当性が議論の的になった。

✣ **侵攻準備**
2003年5月のイラク侵攻の2日前、アメリカの戦車部隊がクウェートとイラクの国境で配置についている。

# バラク・オバマ
BARACK OBAMA
44代 ✢ 2009−2017［民主党］

バラク・オバマはロースクールで憲法を講義し、イリノイ州選出上院議員を務めたのち、アフリカ系アメリカ人初の大統領となった。1期目には2008年の国際的な金融危機がもたらした影響を軽減するためや、政府資金を投入した手ごろな価格の医療保険制度を導入するため、そしてアフガニスタンとイラクから米軍を撤退させるために、いくつもの法を成立させた。オバマは2期目も積極的な外交を続け、イランの核開発を制限する合意をイランと結ぶことに成功した。国際的なテロの脅威が続くのを懸念して、オバマはテロ組織ISがイラクやシリアに拡大するのを防ぐために米軍を派遣した。

✢ **信念のある政治家**
ホワイトハウスの南庭に集まった生徒を歓迎するオバマ大統領。彼はカリスマ的な魅力を持つ指導者で、2008年の大統領選挙では希望と改革のメッセージを伝えて、多くの票を呼び込んだ。

オバマは自分の本を朗読したアルバムで2度グラミー賞を受賞した。

## DATA FILE — データファイル

**出生** 1961年8月4日、ハワイ州ホノルル

**大統領就任** 2009年1月20日、47歳

**主なできごと**

2009 国際的金融危機からアメリカ経済を回復させるため、アメリカ復興・再投資法に署名する。

2011 5月、パキスタンのアボッターバードで、テロ組織の指導者ウサーマ・ビン・ラーディンをアメリカ海軍特殊部隊が殺害したと発表する。

2011 12月、米軍のイラクからの撤退を終了する。

2014 イラク国内のIS支配地域に対する空爆を命じる。

2015 アフガニスタンにおよそ5000人の米軍を駐留させると発表する。

▶ミシェル・オバマ[144-145ページ]

## 医療保険制度改革法

医療保険に公的資金を投入しようという試みは、これまでつねに失敗するか、拒否権を行使されてきた。2000年に世界保健機関が医療保険の国際ランキングでアメリカを37位に認定する報告書を発表した後、オバマはこの状態を改善する法案を提案した。それが「オバマケア」と呼ばれるものだ。この法案は2010年3月に成立し、企業によって保険がカバーされていない場合は個人による保険加入を義務づけ、貧困層の医療保険に政府の助成金を提供することになった。

✣ **オバマケアに賛成**

オバマケアと呼ばれる医療保険制度改革に賛成する市民が、2015年6月に最高裁判所の外で支持を訴えた。最高裁判所はオバマケアの内容の一部を違憲とする主張を退けた。

## キューバとの関係改善

1959年のキューバ革命以来、アメリカとキューバの関係は緊張していた。フィデル・カストロ率いる共産主義政権が成立すると、アメリカはキューバとの外交・通商関係を断絶した。2015年、オバマはこの状況の打開に乗り出した。彼はキューバをテロ支援国家のリストから外し、アメリカ人がキューバに行きやすくした。また、ハバナにアメリカ大使館を再開し、2016年にはキューバを訪問した。アメリカ大統領のキューバ訪問は、1928年以来はじめてのことだ。

### 友好の握手

2015年9月、オバマは国連でキューバ国家評議会議長ラウル・カストロと握手を交わした。60年近く緊張が続いたアメリカとキューバの関係改善の象徴だ。

## ドナルド・トランプ
DONALD TRUMP
**45代 ✣ 2017［共和党］**

史上最年長で大統領に選出されたドナルド・トランプは、多彩な経歴を積んで政界に入った。父の跡を継いで不動産開発業界で働き、数多くの高層ビルに投資している。ゴルフコースやカジノにも投資してきた。また、『アプレンティス』［「見習い」］という視聴者参加型TV番組にホストとして出演した経験がある。2016年の大統領選挙に「アメリカをふたたび偉大にする」というスローガンを掲げて勝利を手にし、提案した数々の政策で物議をかもした。アメリカへの不法移民を防ぐため、メキシコとの国境に壁を建設するというのもそのひとつだ。

### 不動産王

トランプが投資した最大の不動産のひとつが、シカゴのトランプ・インターナショナル・タワー・アンド・ホテルだ。はじめは世界一高いビルを建設するはずだったが、2001年の同時多発テロ事件の後、計画が縮小された。それでも高さ423.3メートルの超高層ビルである。2009年に完成したこのビルは、およそ8億5000万ドルをかけて建設され、100階建てで、延べ床面積は24万1548平方メートルある。

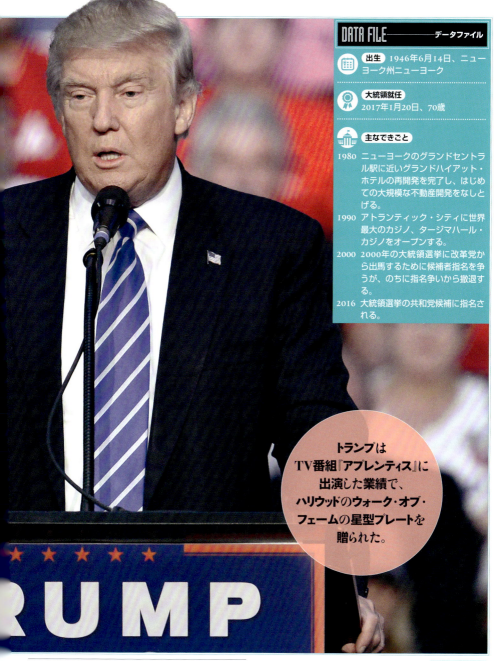

## DATA FILE ─ データファイル

**出生** 1946年6月14日、ニューヨーク州ニューヨーク

**大統領就任** 2017年1月20日、70歳

**主なできごと**

- 1980 ニューヨークのグランドセントラル駅に近いグランドハイアット・ホテルの再開発を完了し、はじめての大規模な不動産開発をなしとげる。
- 1990 アトランティック・シティに世界最大のカジノ、タージマハール・カジノをオープンする。
- 2000 2000年の大統領選挙に改革党から出馬するために候補者指名を争うが、のちに指名争いから撤退する。
- 2016 大統領選挙の共和党候補に指名される。

> トランプはTV番組『アプレンティス』に出演した業績で、ハリウッドのウォーク・オブ・フェームの星型プレートを贈られた。

ドナルド・トランプ

123

第 2 章
有名な
ファーストレディ

# ドリー・マディソン
**DOLLEY MADISON**
1809－1817［大統領＝ジェームズ・マディソン］

はつらつとした魅力あふれる女主人として、ドリーはワシントンD.C.で大統領就任祝賀舞踏会を開く伝統を作った。ホワイトハウスを改装し、1810年にパーティーを開いて、新しくなったホワイトハウスを披露した。1812年戦争のさなか、イギリス軍がワシントンD.C.に侵入したときにドリーが取った勇気ある行動は有名だ。イギリス軍がホワイトハウスに火を放つために迫ってきていると知らされ、ドリーはぎりぎりまで踏みとどまって、ジョージ・ワシントンの大きな肖像画など、いくつかの貴重品をホワイトハウスから救い出した。

## DATA FILE ― データファイル

**出生** 1768年5月20日、ノースカロライナ植民地ニューガーデン
**没年** 1849年7月12日

**結婚** 1794年9月15日、ヴァージニア州ヘアウッド

**子供** ジョン・ペイン、ウィリアム

**主なできごと**
1809 最初の大統領就任祝賀舞踏会をワシントンD.C.で開催する。
1814 ホワイトハウスが焼き打ちされる前に貴重品を運び出す。
1844 民間人としてはじめてモールス信号で通信する。

# メアリー・リンカーン
MARY LINCOLN
1861－1865［大統領＝エイブラハム・リンカーン］

メアリーは高い教育を受けた、知的でユーモアに富んだ女性だったが、夫の政治的な成功を支えるという重圧と、家族を見舞った悲劇のせいで苦悩に満ちた人生を送った。南北戦争中、彼女は連邦軍の病院を訪れて患者を励まし、解放奴隷を支援するための資金集めに協力した。しかしメアリーを快く思わない人々は、彼女が南部出身だったためにアメリカ連合国支持者だと攻撃し、ファッションにお金をかけすぎると批判した。息子ウィリーの死と夫の暗殺後、メアリーは激しく悲嘆にくれ、晩年は耐え難いほどの悲しみと孤独に苦しめられながら生きた。

## DATA FILE　データファイル

 **出生** 1818年12月13日、ケンタッキー州レキシントン

 **結婚** 1842年11月4日、イリノイ州スプリングフィールド

 **子供** ロバート・トッド、エドワード・ベイカー、ウィリアム・ウォレス、トマス

 **主なできごと**
- 1861 ホワイトハウスの改修のために2万6000ドルを費やし、ぜいたくを批判される。
- 1865 ワシントンD.C.のフォード劇場で観劇中、目の前で夫のリンカーン大統領が暗殺される。

❖ **集まるファーストレディ**
前ファーストレディのミシェル・オバマ、ローラ・ブッシュ、ヒラリー・クリントン、バーバラ・ブッシュ、ロザリン・カーターが、2013年にテキサス州ダラスのジョージ・W・ブッシュ大統領センターのオープニングセレモニーに顔をそろえた。

18世紀のマーサ・ワシントン以来、アメリカ大統領の妻は世間の注目を集めてきたが、その立場に公式な決まりはなかった。数世紀の間にファーストレディの役割は拡大し、ホワイトハウスの切り回しや催しの主催から、影響力を行使して特別な意義のある活動を支援するまで、その仕事はさまざまだ。

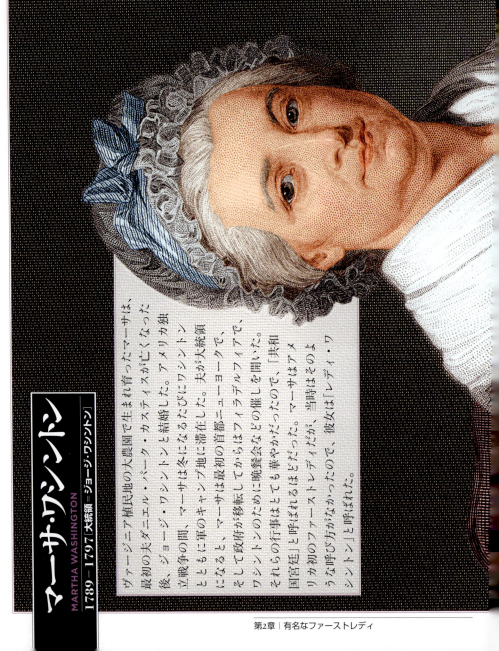

# マーサ・ワシントン

**MARTHA WASHINGTON**
1789-1797［大統領＝ジョージ・ワシントン］

ヴァージニア植民地の大農園で生まれ育ったマーサは、最初の夫ダニエル・パーク・カスティスが亡くなった後、ジョージ・ワシントンと結婚した。アメリカ独立戦争の間、マーサは冬になるたびにワシントンとともに軍のキャンプ地に滞在した。夫が大統領になると、マーサは最初の首都ニューヨークで、そして政府が移転してからはフィラデルフィアで、ワシントンのために晩餐会などの催しを開いた。それらの行事はとても華やかだった。マーサはアメリカ国宮廷」と呼ばれるほどだったが、当時はそのような呼び方がなかったので、彼女は「レディ・ワシントン」と呼ばれた。

第2章｜有名なファーストレディ

マーサはポカホンタスとならんで、アメリカの通貨に描かれたふたりの女性のうちのひとりである。

## DATA FILE — データファイル

**出生** 1731年6月2日、ヴァージニア植民地ニューケント郡
**没年** 1802年5月22日

**結婚** 1759年1月6日、ヴァージニア植民地ニューケント郡

**子供** ダニエル、フランシス、ジョン、マーサ（いずれも先夫カスティスとの子）

**主なできごと**
1757 先夫の死によって未亡人になる。
1778 ペンシルヴェニア州バレー・フォージにある大陸軍の宿営地を訪問し、病気の兵士を看病する。
1797 ジョージ・ワシントンが大統領を退任後、マウント・ヴァーノンに戻って生活する。

# アビゲイル・アダムズ
ABIGAIL ADAMS
1797－1801［大統領＝ジョン・アダムズ］

アビゲイル・アダムズは正規の学校教育を受けたことはなかったが、熱心な読書家だった。彼女は女子教育の重要性を主張し、結婚した女性の権利を保護するよう訴えた。政治に積極的にかかわろうとしたアビゲイルの生き方は、その後のファーストレディの手本にもなった。アメリカ独立戦争後、アビゲイルは外交官として赴任するジョン・アダムズとともにフランスとイギリスで暮らした。アダムズ夫妻はホワイトハウスで生活した最初の大統領夫妻である。

## DATA FILE　データファイル

- **出生** 1744年11月22日、マサチューセッツ植民地ウエイマス
- **没年** 1818年10月28日

**結婚** 1764年10月25日、マサチューセッツ植民地ウエイマス

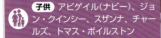
**子供** アビゲイル（ナビー）、ジョン・クインシー、スザンナ、チャールズ、トマス・ボイルストン

**主なできごと**
- 1775　アメリカの独立に反対したと疑われる女性の忠誠心を確かめる仕事を、州議会から依頼される。
- 1789　夫がワシントン政権の副大統領に就任し、初の副大統領夫人になる。
- 1800　ホワイトハウスに引っ越す。

# フランシス・クリーヴランド
**FRANCES CLEVELAND**
1885－1889／1893－1897［大統領＝グローヴァー・クリーヴランド］

幼いころからの知りあいだったグローヴァー・クリーヴランドと結婚したとき、フランシスはホワイトハウスで結婚式を挙げた最初のファーストレディになった。史上最年少のファーストレディとして、フランシスの人気は高く、働く女性が出席できるように毎週土曜日にレセプションを開いてお客をもてなした。ワシントンD.C.で暮らしている間、フランシスはホームレスの女性や家族の支援、女子教育の推進など、いくつもの慈善事業に力を入れた。

## DATA FILE ―― データファイル

**出生** 1864年7月21日、ニューヨーク州バッファロー

**結婚** 1886年6月2日、ワシントンD.C.、ホワイトハウス

**子供** ルース、エスター、マリオン、リチャード・フォルサム、フランシス・グローヴァー

**主なできごと**
1809 南部および西部諸州を訪問するクリーヴランド大統領に同行する。
1893 グローヴァー・クリーヴランドが間をあけて再選されたため、元ファーストレディとしてはじめてホワイトハウスに戻ってくる。

# イーディス・ウィルソン
**EDITH WILSON**
1915－1921［大統領＝ウッドロー・ウィルソン］

第1次世界大戦中にファーストレディを務めたイーディスは、赤十字の活動にボランティアとして参加し、ホワイトハウスでも食糧の配給制を忠実に守って国民の模範となった。1919年に大統領が発作で倒れると、イーディスは夫の執事役を引き受け、閣僚に協力し、公的書類に目を通した。そうすることで大統領の健康状態がよくないことを隠し、大統領の職務を続けられるようにしたのである。

## DATA FILE　データファイル

- **出生** 1872年10月15日、ヴァージニア州ワイズビル
- **没年** 1961年12月28日
- **結婚** 1915年12月、ワシントンD.C.

### 主なできごと
- 1896 最初の夫、実業家のノーマン・ガルトと結婚するが、1908年に夫に先立たれる。
- 1915 大統領の最初の妻エレンが亡くなってまもなく、はじめて大統領に出会う。
- 1919 第1次世界大戦が終わり、ベルサイユで和平協定に臨むウィルソン大統領に同行する。

# ルー・フーヴァー
LOU HOOVER
1929 – 1933 ［大統領 = ハーバート・フーヴァー］

ファーストレディになる前から、ルーは活発な女性だった。乗馬がうまく、大学で地質学を専攻していたルーは、ハーバート・フーヴァーが鉱山技師として調査に出かけるときは行動をともにした。第1次世界大戦中は食糧支援活動にも加わっている。ファーストレディとして、彼女は女性の権利向上を訴え、恐慌が深刻化すると、ラジオを通じて国民を勇気づけるスピーチをした。

## DATA FILE　データファイル

- **出生** 1874年3月29日、アイオワ州ウォータールー
- **没年** 1944年1月7日

- **結婚** 1899年2月10日、カリフォルニア州モントレー

- **子供** ハーバート・クラーク、アラン・ヘンリー

**主なできごと**
- 1914　アメリカ婦人戦争救済基金を創設し、会長を務める。
- 1923　全米アマチュア運動競技協会の婦人部代表に任命される。

中国に赴任する夫に同行して、ルーは中国語を身につけた。

# エレノア・ローズヴェルト
ELEANOR ROOSEVELT

1933－1945［大統領＝フランクリン・D・ローズヴェルト］

エレノアは歴代ファーストレディの中でもっとも活動的で、しかももっとも長くその務めを果たし続けた。社会改革に熱心で、ローズヴェルトと交際し始めてまもなく、彼をニューヨークのスラム街に連れて行った。彼が大統領に就任すると、幅広い社会問題のために活動した。女性の権利向上を訴え、夫が主導するニューディール政策（大恐慌からの復興計画）に、女性を支援する政策を盛り込むように訴えた。ホワイトハウスで女性記者だけの記者会見を開き、新聞に『マイ・デイ（私の1日）』と題するコラムを書き、ファーストレディとして活動する間に1400回のスピーチをこなした。

> エレノアは世界人権宣言の起草に加わった。

## 公式訪問

高校卒業後、エレノアは全国消費者連盟に加わり、スラム街を訪問してその現状を報告する仕事をした。ファーストレディになっても国中の福祉施設を訪問し続けた。その中には学校もあったし、政府の施設もあった。そこで見聞きしたことが、エレノアを多くの新しい運動にいっそう駆り立てた。

## DATA FILE — データファイル

**出生** 1884年10月11日、ニューヨーク州ニューヨーク
**没年** 1962年11月7日

**結婚** 1905年3月17日、ニューヨーク州ニューヨーク

**子供** アナ・エレノア、ジェームズ、エリオット、フランクリン・デラノ・ジュニア、ジョン・アスピノール

### 主なできごと

1939 2月、米国愛国婦人会がアフリカ系アメリカ人歌手のコンスティテューション・ホールへの出演を認めなかったため、この会から脱退する。
1939 6月、アメリカを訪問したイギリス国王ジョージ6世とエリザベス王妃をもてなす。
1946 国連人権委員会の委員長に就任し、6年間務める。
1961 女性の地位に関する大統領委員会の議長に就任する。

### 率直に語る

1943年にニューヨークでヘラルド・トリビューン紙が開いた討論会で話すエレノア・ローズヴェルト。自分の意見をはっきり語るエレノアは当時賛否両論を呼んだが、彼女が史上もっとも影響力のあるファーストレディのひとりになったのは、その率直さのおかげだ。

# ジャクリーン・ケネディ
JACQUELINE KENNEDY
1961－1963 ［大統領＝ジョン・F・ケネディ］

ジャッキーという愛称で知られるジャクリーンは、ファーストレディの職務に魅惑と優雅さを加えた。大学でフランス文学を専攻し、芸術にも深い関心を抱いていた彼女は、ホワイトハウスを改装し、そこでオペラやジャズ、バレエの公演をおこなった。ジャッキーは夫が外国へ行くときは同行し、それまでのどのファーストレディより多くの海外訪問をこなした。人気者だったジャクリーンは、夫の暗殺という悲劇に強さと静かな威厳を持って対処し、世界中から称賛を浴びた。

## DATA FILE　データファイル

**出生** 1929年7月28日、ニューヨーク州サウサプトン
**没年** 1994年5月19日

**結婚** 1953年9月12日、ロードアイランド州ニューポート

**子供** キャロライン、パトリック、ジョン・フィッツジェラルド・ジュニア

**主なできごと**
1952 ワシントン・タイムズ・ヘラルド紙で記者としてはじめての仕事につく。
1962 ホワイトハウスの内部を紹介するテレビ番組に出演する。

# 「レディバード」・ジョンソン
## "LADY BIRD" JOHNSON
### 1963－1969［大統領＝リンドン・B・ジョンソン］

クローディア・テイラーはテキサスの裕福な家庭に生まれ、「レディバード」の愛称で呼ばれた。大学卒業後、小さなラジオ局を買収し、それを大企業に育てた。ファーストレディとしてレディバードは公民権運動を推進し、さまざまな分野の第一線で活躍する女性の目標達成を奨励するために、「婦人活動者会」の昼食会をホワイトハウスで定期的に開催した。ワシントンD.C.の美化運動にも力を入れ、古びた政府庁舎の改装を助けた。

## DATA FILE ― データファイル

- **出生** 1912年12月22日、テキサス州カーナック
- **没年** 2007年7月11日
- **結婚** 1934年11月17日、テキサス州サンアントニオ
- **子供** リンダ・バード、ルーシー・ベインズ

### 主なできごと
- 1965 貧困家庭の就学前の児童の教育を支援するヘッドスタート・プログラムの名誉会長に就任する。
- 1982 テキサス大学にレディバード・ジョンソン・ワイルドフラワー・センターを設立する。

1970年、レディバードはファーストレディとしての経験をつづった『大統領夫人日記――ホワイトハウスの5年間』を出版した。

# ベティ・フォード
BETTY FORD
1974－1977［大統領＝ジェラルド・R・フォード］

ベティはダンスを学び、ファーストレディになる前はモデルやデパートのファッション・コーディネーターとして働いた。女性の権利の強力な支持者で、憲法に男女平等権修正条項を追加するように強く訴えた。率直で正直なファーストレディだった彼女は、自分の乳がんの手術について公表し、これまで話題にしづらかった病気について女性たちが話しやすいように勇気づけた。ホワイトハウスを去った後、彼女は長い間アルコール依存症に苦しんでいたと告白した。

## DATA FILE データファイル

**出生** 1918年4月8日、イリノイ州シカゴ
**没年** 2011年7月8日

**結婚** 1948年10月15日、ミシガン州グランド・ラピッズ

**子供** マイケル・ジェラルド、ジョン・「ジャック」・ガードナー、スティーブン・メイグス、スーザン・エリザベス

**主なできごと**
- 1975 男女平等権修正条項を支持する活動を称えられ、全米婦人党から贈られるアリス・ポール賞の初受賞者となる。
- 1982 アルコール中毒の治療後、アルコール・ドラッグ依存症患者のためにベティ・フォード・センターを設立する。

> 1976年、ベティはテレビのコメディ・ドラマに出演した初のファーストレディになった。

# ロザリン・カーター
ROSALYNN CARTER
1977-1981 ［大統領＝ジミー・カーター］

小さな町で少女時代を過ごしたロザリンは、大統領の妻としてはじめて閣僚会議に出席するなど、活動的なファーストレディになった。彼女は精神医療の改善に力を入れ、その問題について議会の前で証言した。また、高齢者支援のため、年齢差別禁止法の成立を後押しした。

## DATA FILE ─── データファイル

**出生** 1927年8月18日、ジョージア州プレーンズ

**結婚** 1946年7月7日、ジョージア州プレーンズ

**子供** ジョン・ウィリアム、ジェームズ・アール3世、ドネル・ジェフリー、エイミー・リン

**主なできごと**
1980 精神医療を改革するメンタルヘルス・システム法成立のために精力的に活動する。
1982 衛生と人権の重要性を世界に広める目的でカーター夫妻が設立した非営利組織、カーター・センターの副会長に就任する。

# ナンシー・レーガン
## NANCY REAGAN
### 1981－1989 ［大統領＝ロナルド・レーガン］

レーガン大統領と同様、ナンシーもかつてはハリウッドの俳優だった。彼女は麻薬禁止教育の充実のために全力を挙げ、全米に「麻薬にはノーと言おう」という運動を広めた。また、困難な状態にいる子供たちを支援するための「フォスター・グランドペアレント・プログラム」を支持した。ナンシーは夫が暗殺されかけた後はとくに、大統領の安全に心を砕いた。

## DATA FILE　　　　データファイル

 **出生** 1921年7月6日、ニューヨーク州ニューヨーク
**没年** 2016年3月6日

 **結婚** 1952年3月4日、カリフォルニア州サン・フェルナンド・バレー

 **子供** パトリシア・アン・「パティ」、ロナルド・プレスコット

 **主なできごと**
- 1985 児童の麻薬およびアルコール乱用問題に注目を集めるため、17か国の首脳夫人を集めてワシントンで会議を開く。
- 1988 違法な麻薬取引を防止するため、より厳格な法の必要性を主張して、国連で演説をした初のファーストレディとなる。

# バーバラ・ブッシュ
BARBARA BUSH

1989 – 1993［大統領＝ジョージ・H・W・ブッシュ］

バーバラとジョージ・ブッシュは10代で出会い、第2次世界大戦中に結婚した。ファーストレディになったバーバラは、温かい性格と気さくな人柄で、「アメリカのおばあちゃん」と敬愛された。息子のニールに識字障害があったことから読み書きの問題に関心を持ち、識字率の向上に熱心で、「家族識字率のためのバーバラ・ブッシュ財団」を組織した。そのほか、ホームレスや高齢者のための活動など、数多くの活動を支援した。

## DATA FILE／データファイル

- **出生** 1925年6月8日、ニューヨーク州ライ
- **結婚** 1945年1月6日、ニューヨーク州ライ
- **子供** ジョージ・ウォーカー、ロビン、ジョン・エリス、ニール・マロン、マーヴィン・ピアース、ドロシー・ウォーカー

### 主なできごと

- 1989 「家族識字率のためのバーバラ・ブッシュ財団」を創設する。
- 1994 自伝『バーバラ・ブッシュ回想録（Barbara Bush: A Memoir）』を出版する。

# ヒラリー・クリントン
HILLARY CLINTON
1993－2001 ［大統領＝ビル・クリントン］

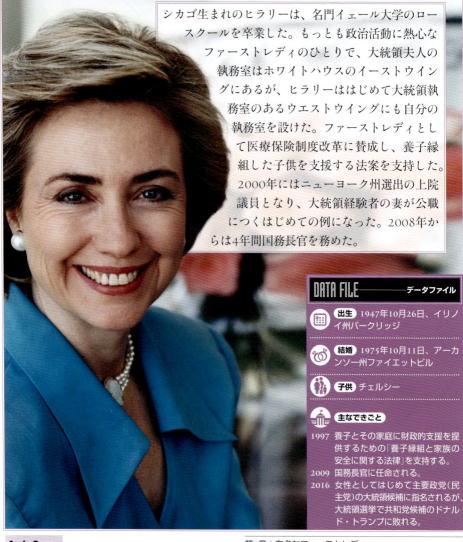

シカゴ生まれのヒラリーは、名門イェール大学のロースクールを卒業した。もっとも政治活動に熱心なファーストレディのひとりで、大統領夫人の執務室はホワイトハウスのイーストウイングにあるが、ヒラリーははじめて大統領執務室のあるウエストウイングにも自分の執務室を設けた。ファーストレディとして医療保険制度改革に賛成し、養子縁組した子供を支援する法案を支持した。2000年にはニューヨーク州選出の上院議員となり、大統領経験者の妻が公職につくはじめての例になった。2008年からは4年間国務長官を務めた。

## DATA FILE データファイル

**出生** 1947年10月26日、イリノイ州パークリッジ

**結婚** 1975年10月11日、アーカンソー州ファイエットビル

**子供** チェルシー

**主なできごと**
1997 養子とその家庭に財政的支援を提供するための「養子縁組と家族の安全に関する法律」を支持する。
2009 国務長官に任命される。
2016 女性としてはじめて主要政党（民主党）の大統領候補に指名されるが、大統領選挙で共和党候補のドナルド・トランプに敗れる。

第2章｜有名なファーストレディ

# ローラ・ブッシュ
LAURA BUSH
2001－2009［大統領＝ジョージ・W・ブッシュ］

教師だったローラは、子供の識字率に強い関心を持っていた。彼女はジョージ・W・ブッシュが特に貧困地域の教育水準を上げるために提案した「落ちこぼれゼロ法」を支持した。また、多様な職業経験を持つ専門家を教育の場に呼び込むことを目的とした、ニュー・ティーチャー・プロジェクトなどのプログラムを支援した。幼い子供の読書を推進するため、「読む準備、学ぶ準備」と呼ばれる全国的な取り組みを始めた。

## DATA FILE — データファイル

- **出生** 1946年11月4日、テキサス州ミッドランド
- **結婚** 1977年11月5日、テキサス州ミッドランド
- **子供** バーバラ、ジェンナ
- **主なできごと**
  - 2002 「アメリカ図書館のためのローラ・ブッシュ財団」を設立する。
  - 2004 アメリカの歴史遺産への興味を養う活動の一環として、「プリザーブ・アメリカ・最優秀歴史教師賞」の創設に協力する。

> 2001年、ローラは全国で開かれる毎年恒例の「全米図書フェスティバル」の第1回目を開催した。

# ミシェル・オバマ
MICHELLE OBAMA
2009−2017［大統領＝バラク・オバマ］

ミシェル・オバマはハーバード・ロースクールを卒業し、シカゴ大学の地域部門副部長を務めた後でファーストレディになった。初のアフリカ系アメリカ人のファーストレディとして、彼女は世界中の女性の目標となり、女の子が適切な教育を受ける権利の重要性を訴えた。子供の肥満を減らす活動を推進し、退役軍人の家族が直面する問題への関心を呼びかけ、貧しい学生が高等教育を受ける機会を高めるために力を尽くした。

**シークレットサービス**が**ミシェル**につけた**暗号名**は「**ルネサンス**」だった。

## 運動のすすめ

アメリカの子供のおよそ40パーセントが標準体重を超えているか肥満であるという統計が発表され、ミシェルは2010年に子供の肥満を減らすために「レッツ・ムーブ（運動しましょう）」というキャンペーンを開始した。これは地域や教育者と連携して、若い世代に健康的な食生活と運動を推進すること目的にしている。

144　　　　第2章｜有名なファーストレディ

## DATA FILE — データファイル

**出生** 1964年1月17日、イリノイ州シカゴ

**結婚** 1992年10月3日、イリノイ州シカゴ

**子供** マリア・アン、ナターシャ（愛称サーシャ）

### 主なできごと

2011 退役軍人とその家族が直面する問題への関心を高めるために「ジョイニング・フォーシズ（力を合わせて）」という取り組みを始める。

2014 貧困家庭の子供たちが高校卒業後も教育を受けることを奨励する目的で、「リーチ・ハイヤー（より高く）」という取り組みを始める。

2015 世界中の女の子が良質な学校に通い、より高い教育を受ける機会を得られるように、「レット・ガールズ・ラーン（女子に教育を）」という取り組みを始める。

# 第3章
# 憲法と大統領

アメリカでもっとも重要な職務を担う大統領の権力、義務、そして責任は、この国の建国以来、憲法によって定められてきた。大統領は何ができるか、大統領はどのように選ばれるか、そして大統領選挙で投票できるのは誰かを決めるために、長年の間に憲法に修正が加えられた。

### 歴史が刻まれた場所
フィラデルフィアにある独立記念館は数多くの歴史的行事の舞台となった。独立宣言も合衆国憲法も、ここで署名された。

# アメリカ独立戦争
## THE AMERICAN REVOLUTION
### 1775-1781

1770年代までに、イギリス領アメリカの13植民地に暮らす移住者の多くが独立を達成したいと考え始めていた。イギリス議会に代表を送る権利がないにもかかわらず、イギリスから税金を課せられるという状態に入植者は不満を募らせた。1775年、イギリス軍と入植者との間に戦闘の火ぶたが切って落とされた。戦いは6年間続き、ついに1781年、最後の大規模なイギリス軍がヨークタウンで降伏し、戦争は革命派の勝利に終わった。

### DATA FILE / データファイル

　**主なできごと**

- **1774** ボストン茶会事件への報復として、イギリス議会は入植者に対して「耐えがたき諸法」と呼ばれるさまざまな厳しい法案を可決する。
- **1775** 4月16日、マサチューセッツのレキシントンとコンコードでアメリカ独立戦争の最初の戦闘が始まる。
- **1777** 10月17日、大陸軍がサラトガでイギリス軍を破る。
- **1781** 10月19日、ヨークタウンで包囲された後、イギリスのコーンウォリス将軍が降伏する。

**ボストン茶会事件**
輸入品に対するイギリスからの不当な課税に対し、1773年12月16日、インディアンの扮装をした数人の反乱者がボストン港に停泊中のイギリス船に乗り込み、高い税金を課せられる紅茶の箱を海に投げ込んだ。この抗議行動はボストン茶会事件と呼ばれている。

# 独立宣言
## THE DECLARATION OF INDEPENDENCE
### 1776

独立戦争中の1776年6月に第2回大陸会議がフィラデルフィアで開かれ、独立宣言の起草に取りかかることが決まった。トマス・ジェファソンが独立宣言の草案を書き、アメリカに対するイギリスの不当な行為に対する抗議と、植民地人が要求する権利を列挙した。1776年7月4日、独立宣言は正式に可決され、アメリカが独立国であることが宣言された。

## DATA FILE　データファイル

- **主要人物** トマス・ジェファソン、ジョン・アダムズ、ベンジャミン・フランクリン
- **採択** 第2回大陸会議、フィラデルフィア
- **署名した州** 13
- **保管場所** 国立公文書館、ワシントンD.C.

### ❖ 5人の委員会
大陸会議はジョン・アダムズ、ロジャー・シャーマン、ロバート・R・リビングストン、トマス・ジェファソン、ベンジャミン・フランクリン(左から右)の5人を独立宣言起草委員会に任命した。

# 憲法制定会議
## THE DRAFTING OF THE CONSTITUTION
### 1787

1787年5月、新しい政府のあり方を決定するために、12州の代表がペンシルヴェニア州フィラデルフィアで開かれた憲法制定会議に集まった。強力な中央政府を望む人々と、各州がこれまでどおり多数または大半の権限を持つべきだと主張する人々との間で激しい論争が繰り広げられた。しかしおよそ4か月後、39人の代表が最終的な草稿に署名した。合衆国憲法は、各州のための連邦政府による統治制度を樹立し、「国の最高法規」であると宣言された。

## DATA FILE — データファイル

**主要人物** ジェームズ・マディソン、アレクサンダー・ハミルトン

**署名された日** 1787年9月17日

**制定に参加した州** 12州から55名の代表が出席。13植民地のうちロードアイランドだけは代表を送らなかった。

**全州が批准した日** 1790年5月29日

4400語からなる合衆国憲法は、成文化された国家憲法としては世界最短である。

✣ **憲法案に署名**
憲法案に署名するために集まった各州の代表。署名された憲法案が効力を持つには9州の批准が必要とされた。1788年6月21日に批准したニューハンプシャー州が9番目の州となり、憲法が発効した。

# 大統領の権限
## PRESIDENTIAL POWER

大統領の権限は、建国の父と呼ばれる人々によって合衆国憲法の中に明確に定められた。彼らは大統領を行政首長と定め、法案に署名して法を成立させる権限と、認めたくない法案を拒絶する権利（拒否権）を与えた。また、大統領は国家元首として重要な国際的役割を持ち、外国と条約を締結できる。大統領権限には、その他に大使や最高裁判事の任命権、そして恩赦が含まれる。憲法に明確な規定はないが、大統領は法と同じ効力を持つ大統領令を発することもできる。

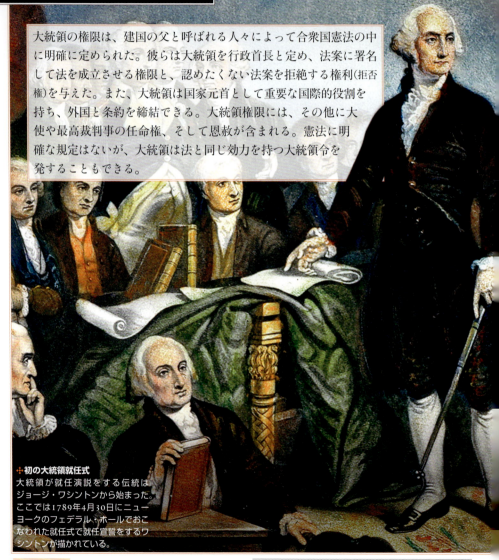

**❖ 初の大統領就任式**
大統領が就任演説をする伝統はジョージ・ワシントンから始まった。ここでは1789年4月30日にニューヨークのフェデラル・ホールでおこなわれた就任式で就任宣誓をするワシントンが描かれている。

## 軍最高司令官

憲法は大統領を軍の最高司令官と定める一方で、宣戦布告する単独の権限を議会に与えている。第2次世界大戦中のローズヴェルト大統領のように、戦争中に議会が大統領に追加の権限を認めた例はあるが、憲法に規定された大統領と議会の権限の重複はしばしば混乱を引き起こした。1973年、議会はこの問題に対処するために戦争権限決議を通過させ、大統領が議会の承認を得ずに軍を国外に派遣する権限を制限した。

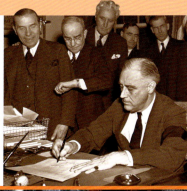

フランクリン・ローズヴェルト大統領は歴代最多の3522通の大統領令を発令した。

## DATA FILE — データファイル

**資格** 生まれながらの米国市民で35歳以上、かつ14年以上アメリカに居住していた者。

**任期** 1期4年で最大2期まで。(1951年以降)

**継承順位** 大統領が死亡あるいは突然辞職、または免職になった場合、その職務は第1に副大統領によって引き継がれ、続いて下院議長、上院仮議長、国務長官の順で継承される。

**年俸** 40万ドル(2001年以降)

# 大統領選挙
## PRESIDENTIAL ELECTIONS

**DATA FILE** — データファイル

- 間隔　4年に1回
- 投票日　11月の第1火曜日
- 就任日　1933年までは3月4日、1937年からは1月20日
- 就任宣誓　「私は合衆国大統領の職務を忠実に遂行し、全力を尽くして合衆国憲法を維持、保護、擁護することを厳粛に誓う(もしくは確約する)。」

アメリカの初期の大統領選挙は、少数の有権者が各地の集会で投票するだけの単純なものだった。しかし、有権者は次第に増加し、すべての男性(1870年から)と女性(1920年から)を含むようになった。今日ではおよそ2億1500万人の潜在的な有権者がいる。各党は候補者を多数のさまざまなメディアで宣伝するために、しばしば大金を使う。2012年の大統領選挙では2大政党が合計およそ26億ドルを費やした。選挙に勝っても、選ばれた候補者がすぐに職務につくわけではない。2か月の移行期間が設けられ、その間は退陣が決まった大統領が引き続き職務を遂行する。

**再選キャンペーン**
大統領候補は支持者の心をつかむためにしばしば大々的なイベントを開く。写真はジョージ・H・W・ブッシュ大統領夫妻が、1992年に再選のためにおこなったキャンペーンの様子。

第3章｜憲法と大統領

# 選挙制度
## THE ELECTORAL SYSTEM

**開票**
2008年の大統領選挙で、両院が集まって選挙人団の票を集計している。大統領に選ばれるには、選挙人団の過半数に当たる270票以上を獲得しなければならない。

1796年の大統領選挙から、大統領候補者は彼らが所属する政党によって選ばれてきた。1901年からは、予備選挙や党員集会を通じて、各党の党員が自分たちの代表として立てたい大統領候補者を投票[党員集会は話し合いの場合もある]で選んでいる。その後、各党から指名された大統領候補者同士が競い合うことになる。しかし一般の投票が直接大統領選挙の勝者を決めるわけではない。大半の州では、党の指名を勝ち取った候補者が自分の支持者を各州の選挙人として指名できる。すべての州の選挙人を合わせた集団が選挙人団を構成し、選挙人団の投票によって次期大統領が決定する。

## DATA FILE — データファイル

- **主要政党** 共和党と民主党
- **選挙人団投票開票日** 1月6日
- **最初の選挙人団数（1789年）** 69人
- **現在の選挙人団数** 538人

▶政党[200－201ページ]

# 大統領と議会
## THE PRESIDENT AND CONGRESS

1787年に設立された連邦議会は上院と下院の2院制をとっている。合衆国憲法に取り入れられた抑制のシステム［権力の集中と乱用を防止する制度］によって、議会と大統領の権力はバランスがとられている。大統領は議会が提出した法案の成立を拒否できるが、大統領による公職者の任命や条約締結は上院の承認を得なければならない。また、大統領は連邦予算案も議会に提出し、承認を受ける必要がある。大統領の所属政党とは異なる党が議会の過半数を占める場合、大統領と多数派政党がしばしば相手の政策を妨害しあい、政治は「行き詰まり」と呼ばれる状態に陥る。

## DATA FILE　データファイル

**憲法条文** 下院および上院を通過したすべての法律案は、法律として成立する前に、合衆国大統領に送付されなければならない。大統領は、法案を承認する場合はこれに署名する。承認しないときは、拒否理由を付して、これを発議した院に返付する。

**初の大統領拒否権行使日**
1792年4月5日（ジョージ・ワシントンによる）

**拒否権が発動された回数**
2572回（2016年8月まで）

**拒否権を多用した大統領**
フランクリン・D・ローズヴェルト：635回／グローヴァー・クリーヴランド：414回／ハリー・S・トルーマン：250回

第3章｜憲法と大統領

## ✦ 一般教書演説

伝統的に、一般教書演説は大統領が連邦議会に向けて演説する数少ない機会のひとつだ。写真は2011年1月25日に上院と下院の合同会議で演説するオバマ大統領。

## 大統領拒否権

大統領は反対する法案を拒否する権限があるが、上院と下院の3分の2によってその法案が再可決されれば、大統領拒否権はくつがえされる。1996年に、大統領に項目別拒否権(法案の一部の条項だけを拒否する権利)を与える法案が議会を通過した。しかし最高裁判所はこの法案を違憲と判断し、これまでに項目別拒否権を行使した大統領はビル・クリントンしかいない。

# 権利章典
## THE BILL OF RIGHTS
### 1791

憲法が批准された後も、連邦議会にはこの憲法が個人の自由を十分に保護していないという意見が多かった。反フェデラリストと呼ばれたこの勢力は、個人の権利と自由を保障する憲法修正条項の追加を求めて運動した。こうした要求にこたえて、ジェームズ・マディソンはいくつかの修正案を提出し、1791年に10か条の憲法修正条項が合衆国憲法に組み入れられた。この10か条はまとめて権利章典と呼ばれ、言論の自由から陪審員による裁判を受ける権利まで、人権に関するさまざまな条項を含んでいる。

## DATA FILE — データファイル

**主な条項**
**修正第1条**——言論および信教の自由
**修正第2条**——武器を所持する権利
**修正第5条**——裁判で自己に不利な証言を拒否する権利
**修正第6条**——陪審による裁判を受ける権利
**修正第10条**——憲法によって連邦政府に与えられていないあらゆる権限は、州政府に留保される。

**はじめて提案された日**
1789年7月21日

**連邦議会による可決**
1789年9月25日

**批准された日（10か条）**
1791年12月15日

✥ **国立公文書館**
権利章典の手書きの複製は全部で14部作られ、1部は連邦政府に、残りは13州に1部ずつ配布された。現在、連邦政府の所有する複製はワシントンD.C.の国立公文書館に保管され、訪れた人は文書の実物が展示されているのを見ることができる。

**権利章典**

# 南北戦争
## THE CIVIL WAR
### 1861-1865

アメリカ独立戦争からわずか80年後、連邦は激しい争いによって分裂の危機にさらされた。奴隷制が廃止されるのを恐れて南部の7州は1861年に連邦を離脱し、アメリカ連合国を結成した。彼らはサウスカロライナ州のチャールストン湾にあるサムター連邦軍要塞を攻撃し、南北戦争が始まった。さらに4つの州が連邦を脱退してアメリカ連合国に加わった。またたくうちに戦闘は拡大したが、ロバート・E・リーのようにすぐれた将軍が奮闘したにもかかわらず、連合国は劣勢に追いやられた。1863年にゲティスバーグの戦いで連邦軍が勝利をあげると、南軍は追い詰められ、最後の大軍が1865年4月に連邦軍に降伏した。南北戦争終結までに、両軍合わせておよそ62万人の兵士が命を落とした。

## DATA FILE データファイル

連邦 20州
アメリカ連合国 11州

 主なできごと

- 1861 4月、アメリカ連合国軍がサウスカロライナ州のサムター要塞を攻撃する。
- 1861 7月、ヴァージニア州で第1次ブルランの戦いが発生する。
- 1862 12月、アメリカ連合国軍がヴァージニア州のフレデリクスバーグの戦いで圧勝する。
- 1863 7月、連邦軍がペンシルヴェニア州のゲティスバーグで、南北戦争中もっとも多くの人命が失われた戦いに勝利する。
- 1865 4月、ヴァージニア州のアポマトックス郡役所で、南軍のロバート・E・リー将軍が連邦軍のユリシーズ・グラント将軍に降伏する。

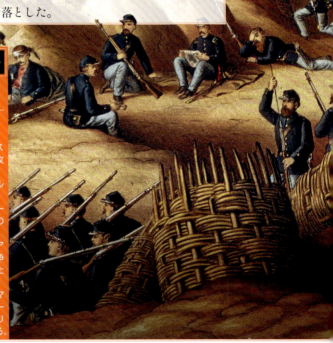

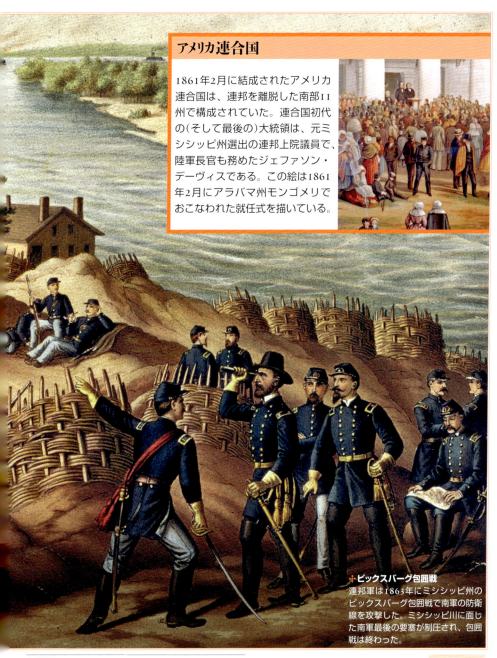

### アメリカ連合国

1861年2月に結成されたアメリカ連合国は、連邦を離脱した南部11州で構成されていた。連合国初代の(そして最後の)大統領は、元ミシシッピ州選出の連邦上院議員で、陸軍長官も務めたジェファソン・デーヴィスである。この絵は1861年2月にアラバマ州モンゴメリでおこなわれた就任式を描いている。

### ビックスバーグ包囲戦

連邦軍は1863年にミシシッピ州のビックスバーグ包囲戦で南軍の防衛線を攻撃した。ミシシッピ川に面した南軍最後の要塞が制圧され、包囲戦は終わった。

# 憲法修正第13条 奴隷制の廃止
## 13TH AMENDMENT: ABOLITION OF SLAVERY
### 1865

奴隷制を認めるかどうかという問題は、建国からずっと合衆国を悩ませ、ついには南北戦争に発展した。リンカーン大統領が1863年に発表した奴隷解放宣言は多数の奴隷を解放したが、奴隷制を法的に廃止するものではなかった。南北戦争が終わりに近づくにつれ、奴隷制を禁止するための新たな憲法修正条項の必要性が議論された。猛反対はあったが、憲法修正第13条が1865年1月に成立にこぎつけた。

## 憲法修正第14条

奴隷制が廃止されても、元奴隷に対する差別はやまなかった。連邦議会は1866年に公民権法を成立させたが、それでもまだアフリカ系アメリカ人の法的権利は十分保護されたとは言えなかった。ついに憲法修正第14条が議会を通過して、すべてのアメリカ市民に法のもとでの平等な保護が認められた。この修正条項は1868年に批准された。

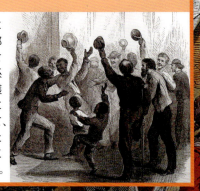

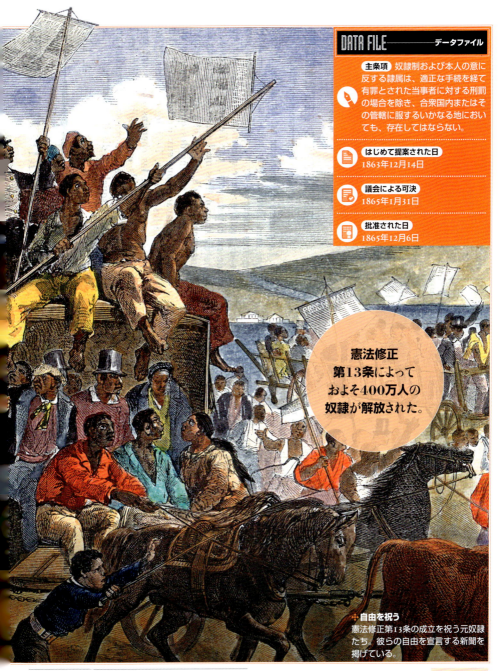

## DATA FILE — データファイル

**主条項** 奴隷制および本人の意に反する隷属は、適正な手続を経て有罪とされた当事者に対する刑罰の場合を除き、合衆国内またはその管轄に服するいかなる地においても、存在してはならない。

**はじめて提案された日**
1863年12月14日

**議会による可決**
1865年1月31日

**批准された日**
1865年12月6日

憲法修正第13条によっておよそ400万人の奴隷が解放された。

**自由を祝う**
憲法修正第13条の成立を祝う元奴隷たち。彼らの自由を宣言する新聞を掲げている。

# 憲法修正第15条 投票権
## 15TH AMENDMENT: VOTING RIGHTS
### 1870

1870年、共和党は人種や皮膚の色にかかわりなく、すべての男性に投票権を認める憲法修正第15条の成立を支援した。この条項は奴隷制を廃止し、アフリカ系アメリカ人に市民権を拡大する憲法修正第13条と第14条を補完するものだ。しかし第15条が成立しても、各州は納税額や識字テストなどの条件で投票権を制限するのをやめなかった。そのため、特に南部では、多くのアフリカ系アメリカ人が投票権の行使を妨害された。

テネシー州は1997年まで憲法修正第15条を批准しなかった。

**投票所で**
アフリカ系アメリカ人がはじめて投票するために並んでいるところを描いた版画。憲法修正第15条を通過させるキャンペーンの一環として使われた。

## DATA FILE　データファイル

**主条項** 合衆国またはいかなる州も、人種、肌の色、または以前の隷属状態を理由として、合衆国市民の投票権を奪い、または制限してはならない。

**はじめて提案された日**
1869年1月30日

**批准された日**
1870年2月3日

# 憲法修正第18条 禁酒法
## 18TH AMENDMENT: PROHIBITION
### 1919

19世紀後半になると、アルコールの摂取が暴力ざたを引き起こすという心配から、飲酒を禁止するべきだという主張が生まれた。多くの州がアルコールを禁止する法律を成立させ、反酒場同盟は飲酒を全米で禁止するために、憲法修正条項を求めるキャンペーンを開始した。憲法修正第18条および、禁止される酒の種類を定義したボルステッド法が議会を通過し、「禁酒法時代」と呼ばれる時代が到来した。しかし禁酒法を執行する捜査官に十分な給料が支払われなかったため、「スピークイージー」と呼ばれる違法なもぐり酒場が繁盛し、そこでひそかに酒を買うことができた。シカゴではアル・カポネのようなギャングが違法な酒の密売を牛耳り、犯罪も増加した。

## DATA FILE　データファイル

**主条項** この修正条項の承認から1年を経た後は、合衆国とその管轄に服するすべての領土において、飲用の目的で酒類を製造、販売、もしくは輸送し、または輸入もしくは輸出することは、これを禁止する。

**はじめて提案された日**
1917年8月1日

**議会による可決**
1917年12月18日

**批准された日**
1919年1月16日

**✣ 酒の密売**
禁酒法時代のニューヨークには数万軒のもぐり酒場があった。この写真では、警官が見張る中で政府の捜査官が違法な酒を下水に捨てている。

### 憲法修正第21条

犯罪の増加と酒税から得られる税収を失ったことから、憲法修正第18条は撤廃されることになった。1933年12月に批准された憲法修正第21条によって、酒類の販売がふたたび合法化され、多くのアメリカ人が喜びの声を上げた。

憲法修正第18条 禁酒法

# 憲法修正第19条 女性参政権
## 19TH AMENDMENT: WOMEN'S SUFFRAGE
### 1920

19世紀になると投票権は多くの男性に拡大されたが、アメリカの女性はいまだに投票を認められていなかった。女性参政権と呼ばれる権利を手に入れるための戦いは1848年に始まった。この年、ニューヨークのセネカフォールズで開かれた女性の権利のための大会で「感情宣言」が採択され、その中で女性参政権が基本的な権利として要求されたのである。女性団体は憲法の修正を求めて活動を始めたが、修正条項が可決されるには長い年月を要した。それまでに多くの女性が各州で投票権を認められていたが、すべての女性が投票できるようになったのは、1920年11月2日の連邦選挙が最初だった。

❖ **勝利を祝う**
テネシー州が憲法修正第19条を批准したことを祝って女性参政権運動家のアリス・ポールが横断幕を垂らし、集まった女性が歓声を上げている。テネシー州の批准によって、批准した州の数が条件に達したため、この修正条項は成立した。

# DATA FILE — データファイル

**主条項** 合衆国またはいかなる州も、性別を理由として合衆国市民の投票権を奪い、または制限してはならない。

**はじめて提案された日**
1878年1月

**議会による可決**
1919年6月4日

**批准された日**
1920年8月18日

## 女性に投票権を

全国女性参政権協会（NWSA）は、1869年5月にスーザン・B・アンソニーとエリザベス・ケイディ・スタントンによって設立された。この協会は女性参政権を要求する他の団体より急進的で、抗議活動を組織し、女性の投票権を認める新しい憲法修正条項の実現を強く訴えた。会員の中には投票を強行しようとした者さえいた。

# 憲法修正第22条 大統領の3選禁止
## 22TH AMENDMENT: TWO-TERM LIMIT
### 1951

合衆国憲法は大統領が在職できる任期の回数についてなんの制限も設けていないが、2期を務めて退任したジョージ・ワシントンにならって、最大2期が慣例になっていた。1944年にフランクリン・D・ローズヴェルトが4期目となる大統領選挙に勝利を収めると、連邦議会では激しい論争が起こった。民主党は、大統領を選ぶ国民の権利を制限するべきではないと主張した。しかし、大統領職がひとりの人物に専有されてはならないという共和党の意見が通って、大統領が3期以上務めることを禁止する憲法修正第22条が可決された。

### DATA FILE　データファイル

**主条項**
何人も、大統領の職に2回を超えて選出されることはできない。他の者が大統領として選出された任期の間に、2年以上大統領の職を保持または大統領の職務を行った者は、大統領の職に1回を超えて選出されることはできない。

**議会による可決**
1947年3月24日

**批准された日**
1951年2月27日

**ローズヴェルトに勝利を**
1944年の大統領選挙で、フランクリン・D・ローズヴェルトの再選を求めてシカゴでキャンペーン活動をする群衆。この選挙でローズヴェルトは前例のない4期目の任期を勝ち取った。

# 憲法修正第26条 18歳以上の投票権
## 26TH AMENDMENT: RIGHT TO VOTE AT 18
### 1971

合衆国憲法では投票できる年齢が21歳以上と定められた。しかしベトナム戦争中に、アメリカの若者は18歳で徴兵される可能性があるにもかかわらず、その年齢には投票権がないことに不満が高まった。1970年に最高裁判所が18歳以上20歳以下に州の選挙での投票権を認める判決を出した後、連邦議会は連邦の選挙においてもその年齢での投票を認める憲法修正条項を通過させようと動き始めた。この修正条項は連邦議会の可決からわずか107日後に批准され、すべての憲法修正条項の中でもっとも短期間での批准が実現した。

## DATA FILE —— データファイル

**主条項** 合衆国またはいかなる州も、年齢を理由として、18歳以上の合衆国市民の投票権を奪い、または制限してはならない。

**はじめて提案された日**
1971年3月10日

**議会による可決**
1971年3月23日

**批准された日**
1971年7月1日

**有権者登録**
1971年、カリフォルニア州ウエストチェスター高校の生徒が有権者登録をするために並んでいる。若者が投票する権利を勝ち取るために、「戦える年齢、投票できる年齢」というスローガンが大きな力を発揮した。

# 第4章
## 大統領の施設と乗り物

大統領の職務に求められるものがますます複雑になるにつれて、その仕事を補佐するために、さまざまな設備が利用されるようになった。ホワイトハウスの大統領執務室もそのひとつだ。また、大統領はワシントンD.C.以外にも住居と別荘を持ち、安全な移動のために数機の大統領専用機や乗用車を使っている。

✤ **大統領の到着**
エアフォース・ワンでドイツのハノーファーに到着したオバマ大統領。大統領専用車と警備隊が待ち構えている。

# ホワイトハウス
## THE WHITE HOUSE

ホワイトハウスは大統領公邸で、大統領個人の執務室と大統領府が置かれている。建設が始まったのはワシントン大統領時代の1792年で、1800年になってようやく完成し、ジョン・アダムズと妻のアビゲイルがホワイトハウスに住んだはじめての大統領夫妻となった。最初の大規模な改修は1812年戦争の後に実施され、1902年にセオドア・ローズヴェルトが50万ドル以上かけてリフォームした。長年の間に何代もの大統領とファーストレディが、それぞれの趣味に合わせてホワイトハウスの室内装飾を手がけた。

ホワイトハウス南側の正面

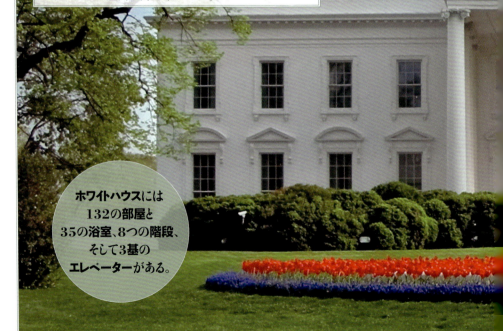

ホワイトハウスには132の部屋と35の浴室、8つの階段、そして3基のエレベーターがある。

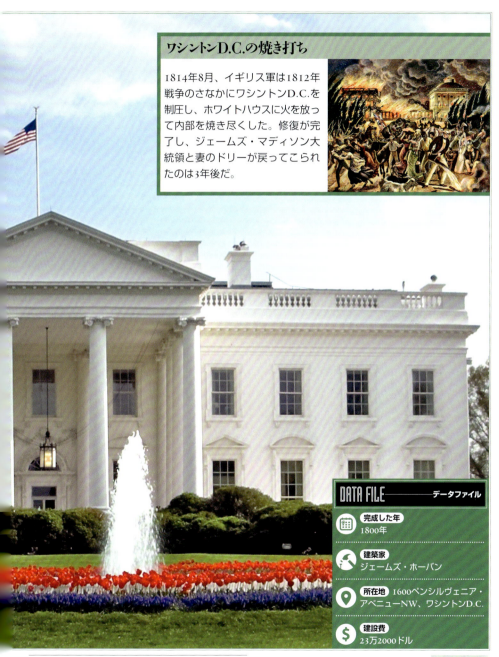

## ワシントンD.C.の焼き打ち

1814年8月、イギリス軍は1812年戦争のさなかにワシントンD.C.を制圧し、ホワイトハウスに火を放って内部を焼き尽くした。修復が完了し、ジェームズ・マディソン大統領と妻のドリーが戻ってこられたのは3年後だ。

### DATA FILE — データファイル

**完成した年**
1800年

**建築家**
ジェームズ・ホーバン

**所在地**
1600ペンシルヴェニア・アベニューNW、ワシントンD.C.

**建設費**
23万2000ドル

# 大統領執務室
### THE OVAL OFFICE

「オーバルオフィス」と呼ばれる大統領執務室は、大統領が国家元首や大使などの要人と会談するときに使われる、大統領の公式な執務室だ。1909年にタフト大統領のために作られ、最初はウエストウイングの中央に位置していた。1934年、フランクリン・D・ローズヴェルトがローズガーデンを見下ろすウエストウイングの南東の角に移動させた。楕円形の大統領執務室はその時の大統領が内装を一新する伝統があり、天井の大統領紋章と執務机の後ろの2本の旗だけはそのまま引き継がれている。

## DATA FILE — データファイル

**完成した年**
1934年

**建築家**
ネーサン・C・ワイス

**所在地** ホワイトハウス、1600ペンシルヴェニア・アベニューNW、ワシントンD.C.

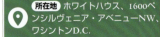

退任する大統領は、次の大統領へのアドバイスを書いたメモを大統領執務室に残す習慣がある。

**大統領会談**
2008年の大統領選挙で勝った後、バラク・オバマは大統領執務室で現職大統領のジョージ・W・ブッシュと会談した。新たに選ばれた大統領は、その時期のもっとも重要な問題についてしばしば前任の大統領と協議する。

# ウエストウイング
## THE WEST WING

ウエストウイングは大統領の公式な仕事場だ。大統領執務室をはじめ、大統領が閣僚メンバーと会議をする閣議室、有事の監視と対応をおこなうシチュエーションルームなど、さまざまなオフィスがある。セオドア・ローズヴェルトが大統領に就任したとき、ホワイトハウスの中心にあるエグゼクティブ・レジデンス［大統領と家族が暮らす公邸］だけでは、大統領のすべての職務を遂行するには狭すぎることが明らかになり、ウエストウイングの建設が始まった。ウエストウイングは何度も拡張を繰り返し、ホワイトハウスの活動の中心になっている。

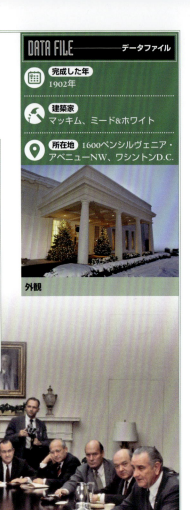

**DATA FILE** データファイル

**完成した年** 1902年

**建築家** マッキム、ミード&ホワイト

**所在地** 1600ペンシルヴェニア・アベニューNW、ワシントンD.C.

外観

**大統領顧問団** 1968年10月31日、国家安全保障会議のメンバーやその他の閣僚と会談するリンドン・B・ジョンソン大統領。

# アイゼンハワー行政府ビル
EISENHOWER EXECUTIVE OFFICE BUILDING

アイゼンハワー行政府ビルはウエストウイングの向かい側にあり、副大統領執務室と国家安全保障会議事務局が入っている。最初は国務省および陸海軍省のために建設され、17年かけて完成した。1939年から1949年にかけて、次第にホワイトハウスのスタッフがここにオフィスを持つようになった。入念に細工された円柱で飾られたこの建物は独特な建築様式を持ち、作家のマーク・トゥエインからは「アメリカで一番醜い建物」とこき下ろされた。

## DATA FILE — データファイル

**完成した年**
1888年

**建築家**
アルフレッド・B・ミュレット

**所在地**
1650ペンシルヴェニア・アベニューNW、ワシントンD.C.

# ブレアハウス
## BLAIR HOUSE

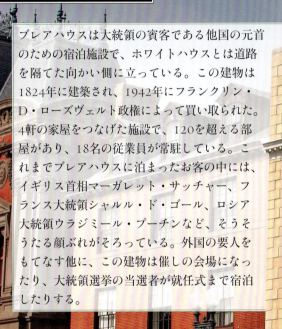

ブレアハウスは大統領の賓客である他国の元首のための宿泊施設で、ホワイトハウスとは道路を隔てた向かい側に立っている。この建物は1824年に建築され、1942年にフランクリン・D・ローズヴェルト政権によって買い取られた。4軒の家屋をつなげた施設で、120を超える部屋があり、18名の従業員が常駐している。これまでブレアハウスに泊まったお客の中には、イギリス首相マーガレット・サッチャー、フランス大統領シャルル・ド・ゴール、ロシア大統領ウラジミール・プーチンなど、そうそうたる顔ぶれがそろっている。外国の要人をもてなす他に、この建物は催しの会場になったり、大統領選挙の当選者が就任式まで宿泊したりする。

外国の首脳が宿泊しているときは、必ずブレアハウスの壁にその国の国旗がはためいている。

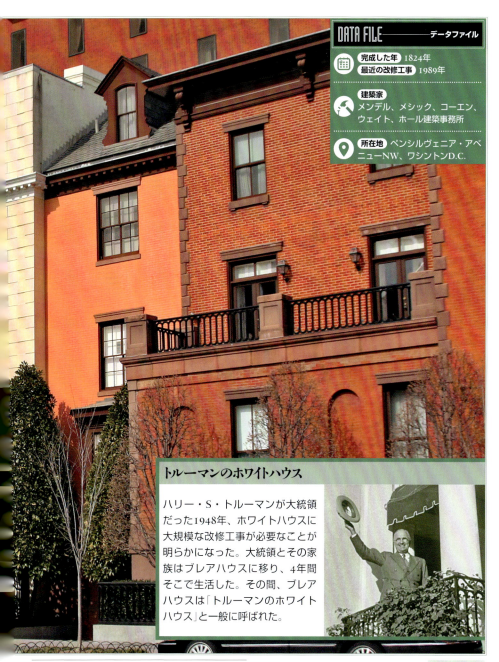

## DATA FILE  データファイル

**完成した年** 1824年
**最近の改修工事** 1989年

**建築家** メンデル、メシック、コーエン、ウェイト、ホール建築事務所

**所在地** ペンシルヴェニア・アベニューNW、ワシントンD.C.

### トルーマンのホワイトハウス

ハリー・S・トルーマンが大統領だった1948年、ホワイトハウスに大規模な改修工事が必要なことが明らかになった。大統領とその家族はブレアハウスに移り、4年間そこで生活した。その間、ブレアハウスは「トルーマンのホワイトハウス」と一般に呼ばれた。

# キャンプデーヴィッド
CAMP DAVID

## DATA FILE ─ データファイル

**完成した年**
1938年

**建築家**
ワークス・プログレス・アドミニストレーション

**所在地**
メリーランド州フレデリック郡キャトクティン山岳公園

キャンプデーヴィッドはメリーランド州の山中にあり、大統領の別荘として使用されている。もとは連邦職員のための施設だったが、1942年にフランクリン・D・ローズヴェルトが大統領の別荘として改装し、「シャングリラ」と命名した。キャンプデーヴィッドは大統領が外国の要人をもてなすためにも使われている。1978年、カーター大統領はエジプト大統領アンワル・サダトとイスラエル首相メナヘム・ベギンをここに招いて和平会交渉を仲介した。

アイゼンハワー大統領はキャンプデーヴィッドを父と孫の名前にちなんで命名した。

第4章｜大統領の施設と乗り物

# オブザーバトリー・サークル1番地
NUMBER ONE OBSERVATORY CIRCLE

オブザーバトリー・サークル1番地は1974年に連邦政府によって買収され、副大統領とその家族の公邸になった。この邸宅は1893年に建てられ、以前は海軍の上級将校の住宅として使われていた。ウォルター・モンデールが1977年に副大統領としてはじめてここに入居し、その後大規模な改修工事がおこなわれた。多数の副大統領がこの公邸に新たな設備をつけ加えた。スイミングプールもそのひとつだ。

## DATA FILE — データファイル

**完成した年**
1893年

**建築家**
レオン・E・デゼズ

**所在地**
3450マサチューセッツ・アベニューNW、ワシントンD.C.

# マウント・ヴァーノン
## MOUNT VERNON

マウント・ヴァーノンはジョージ・ワシントンと妻のマーサの私邸だった。ヴァージニア州にあるこの土地はジョージの父オーガスティンのもので、そこに小さな邸宅の建築を始めたのもオーガスティンである。1754年にジョージがこの土地の管理を引き継ぐと、彼はイタリアの田舎の屋敷を思わせるような、古典的なパラディオ様式[古代ローマ建築を理想とする建築様式]による大邸宅の建設を依頼した。引退後、ワシントンはマウント・ヴァーノンで何百人もの訪問客をもてなした。のちにこの邸宅は荒廃した状態になったが、1858年にマウント・ヴァーノン婦人協会によって修復された。現在は国定歴史建造物に指定されている。

内部の様子、1925年

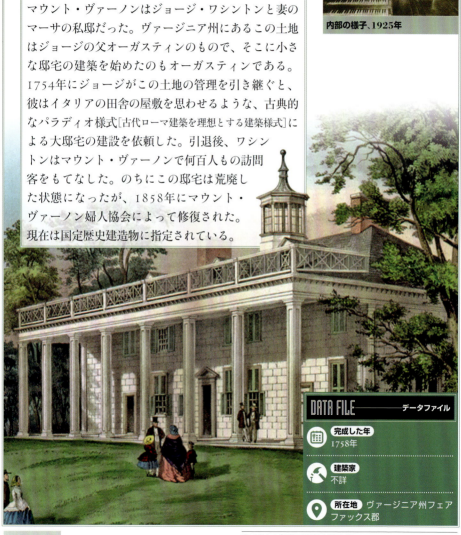

## DATA FILE — データファイル

**完成した年**
1758年

**建築家**
不詳

**所在地** ヴァージニア州フェアファックス郡

# モンティセロ
MONTICELLO

内部の様子——玄関広間

モンティセロはトマス・ジェファソンの私邸だった。多方面に才能を発揮したジェファソンは、フランスに公使として赴任していたときに目にした新古典主義の大邸宅をモデルに、この邸宅を自分で設計した。33の部屋がある邸宅は広大な農園に囲まれ、ジェファソンはそこに植物を植え、さまざまな野菜を栽培した。1826年にジェファソンが亡くなると、遺体はモンティセロに埋葬された。1923年にトマス・ジェファソン財団がこの土地と家屋を購入し、一般に公開した。

> 南北戦争中、モンティセロはアメリカ連合国に差し押さえられた。

## DATA FILE ー データファイル

- **建築開始** 1769年
  **完成した年** 1809年
- **建築家** トマス・ジェファソン
- **所在地** ヴァージニア州アルベマール郡

# ラシュモア山
MOUNT RUSHMORE

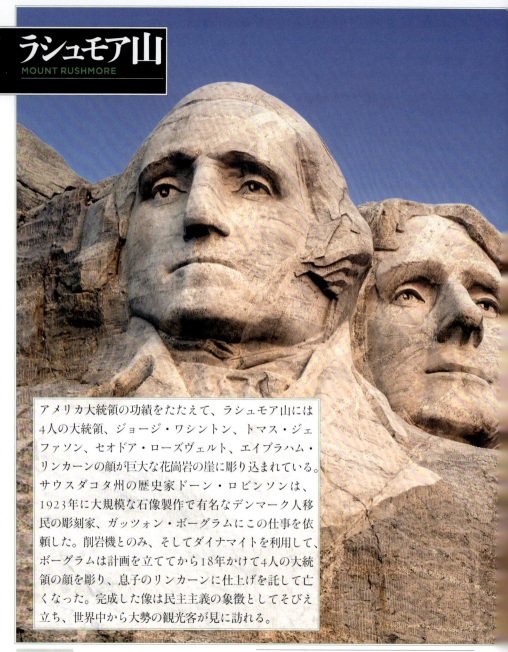

アメリカ大統領の功績をたたえて、ラシュモア山には4人の大統領、ジョージ・ワシントン、トマス・ジェファソン、セオドア・ローズヴェルト、エイブラハム・リンカーンの顔が巨大な花崗岩の崖に彫り込まれている。サウスダコタ州の歴史家ドーン・ロビンソンは、1923年に大規模な石像製作で有名なデンマーク人移民の彫刻家、ガッツォン・ボーグラムにこの仕事を依頼した。削岩機とノミ、そしてダイナマイトを利用して、ボーグラムは計画を立ててから18年かけて4人の大統領の顔を彫り、息子のリンカーンに仕上げを託して亡くなった。完成した像は民主主義の象徴としてそびえ立ち、世界中から大勢の観光客が見に訪れる。

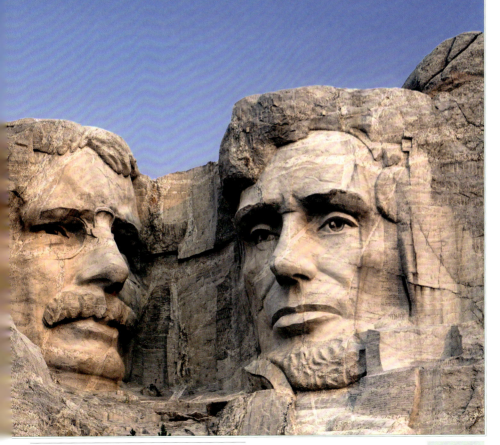

## DATA FILE — データファイル

- **作業開始** 1927年10月
  **完成** 1941年10月
- **デザイン** ガッツォン・ボーグラム
- **所在地** サウスダコタ州ブラックヒルズ
- **大きさ** それぞれの頭部の高さ18メートル

この彫刻の製作のため、岩の表面からおよそ45万トンの花崗岩が爆破された。

# エアフォース・ワン
AIR FORCE ONE

## DATA FILE — データファイル

**はじめて使用された年**
1962年

**製造会社**
ボーイング社

**本拠地** メリーランド州プリンス・ジョージ郡、アンドルーズ空軍基地

**機体の長さ**
76メートル

大統領専用機エアフォース・ワンは、大統領の外国訪問のためによく利用される。最初に使用された機体はボーイング707で、1962年にケネディ政権に納入された。1990年からは性能が向上したボーイング747に切り替えられた。現在は同じ型の2機の飛行機が大統領専用機として使用され、内部には会議室、記者室、手術室、85台の電話、そして大統領の寝室まで備わっている。「エアフォース・ワン」は、大統領が空軍機に搭乗する際に使用されるコールサインでもある。

2機の**大統領専用機**は、**6階建てのビル**と同じ高さがある。

内部の様子

第4章 | 大統領の施設と乗り物

# キャデラック・ワン
CADILLAC ONE

1939年、フランクリン・D・ローズヴェルトは特別に設計された公用車「サンシャイン・ワン」をはじめて利用した。現在の大統領専用車は「キャデラック・ワン」と正式に命名され、2009年にオバマ大統領のために使用されはじめた。ケネディ大統領の暗殺の衝撃から、大統領専用車はますます強固な防御力を備えるようになり、キャデラック・ワンは5層の装甲版でおおわれている。この車はその大きさから「ビースト」[野獣]とも呼ばれ、化学兵器の攻撃にも耐えられ、安全な通信装置を備えている。キャデラック・ワンが大統領の訪問先に空輸される場合は、大型長距離輸送機C-17グローブマスターが使用される。

## DATA FILE ― データファイル

- **はじめて使用された年**
  2009年（現行モデル）
- **製造会社**
  ゼネラルモーターズ
- **車体の長さ**
  5.5メートル

ビーストの重さは6800キログラム以上ある。

# グラウンドフォース・ワン
## GROUND FORCE ONE

### DATA FILE — データファイル

- **はじめて使用された年**: 2012年
- **製造会社**: プレボスト・カーズおよびヘンフィル・ブラザーズ・コーチ社
- **所在地**: ワシントンD.C.
- **車体の長さ**: 14メートル

2011年まで、大統領がバスで移動する必要があるときは必ず、1台のバスをレンタルして特別に改修して使用していた。しかしこれでは費用が高くつき、ますます高まる安全面の要求にこたえられないため、シークレットサービスは特別な装甲でおおわれた2台のバスを発注し、大統領専用バスとして常備することにした。「グラウンドフォース・ワン」と呼ばれるこのバスは装甲板でおおわれ、特殊強化ガラスを使用し、安全な通信装置を備えている。さらに大統領が負傷した場合に備えて、輸血用にあらかじめ採取した本人の血液も積んでいる。このバスは内部で会議が開けるほど大きい。

2台あるグラウンドフォース・ワンの値段は、1台110万ドルだ。

第4章 | 大統領の施設と乗り物

# マリーンフォース・ワン
MARINE FORCE ONE

大統領としてはじめて移動にヘリコプターを使用したのは1957年のドワイト・D・アイゼンハワーである。それ以来、大統領はしばしば安全に移動するためにヘリコプターに乗っている。マリーンフォース・ワンは通常、大統領が搭乗するヘリコプターを指すコールサインで、「ナイトホークス」の通称で知られる海兵ヘリコプター飛行隊によって運用されている。現行モデルはVH-60NホワイトホークとVH-3Dシーキングで、ミサイル迎撃システムと安全な通信装置を装備している。大統領を乗せて飛ぶときは、マリーンフォース・ワンは数機のおとりのヘリコプターが編隊を組んで飛ぶことになっている。

## DATA FILE — データファイル

- **はじめて使用された年**
  1957年
- **製造会社**
  シコルスキー・エアクラフト社
- **所在地**
  ヴァージニア州クアンティコ海兵隊航空施設
- **機体の長さ**
  20メートル

# 第5章
## 参考資料

大統領の出身地や副大統領、
そして大統領選挙で起きた
意外なできごとなど、
アメリカ大統領に関する
驚くような裏話を見てみよう。
大統領の趣味や有名なペットなど、
面白い豆知識に興味は尽きない。

✣ **堂々とした記念碑**
ワシントンD.C.のリンカーン記念堂は第16代大統領エイブラハム・リンカーンの業績を記念して建設されたもので、アメリカ大統領を記念する建造物のひとつだ。大統領にちなんで命名された図書館は数多くあり、そこには多くの場合、その大統領の現役時代の記録や歴史的価値のある品々が保管されている。

# 大統領の出身州
## US PRESIDENTS STATE BY STATE

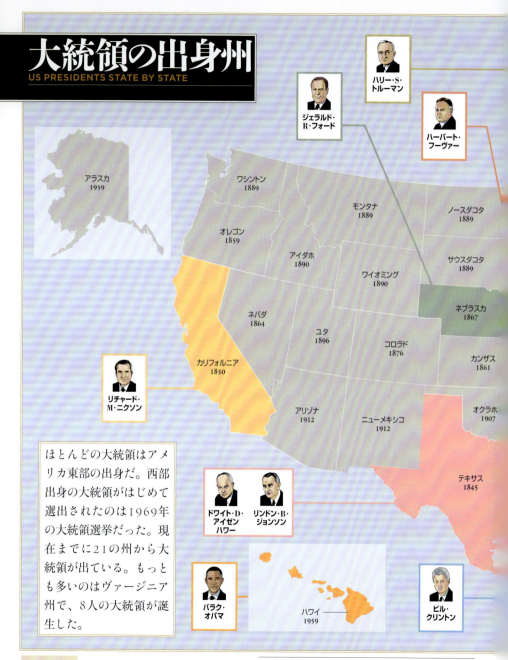

ほとんどの大統領はアメリカ東部の出身だ。西部出身の大統領がはじめて選出されたのは1969年の大統領選挙だった。現在までに21の州から大統領が出ている。もっとも多いのはヴァージニア州で、8人の大統領が誕生した。

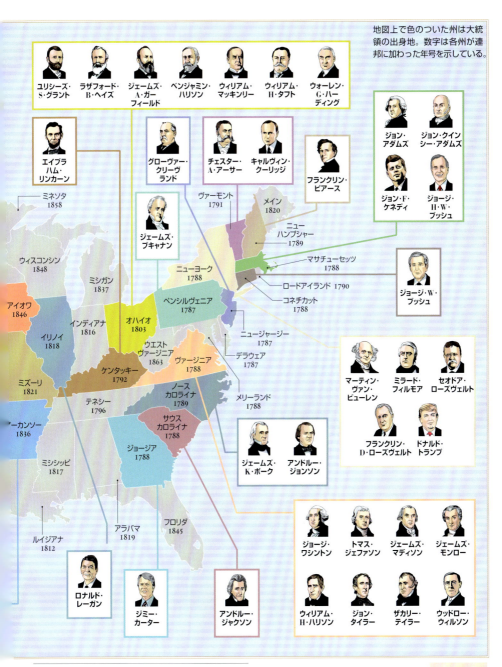

大統領の出身州

# 波乱の大統領選挙
## EXTRAORDINARY ELECTIONS

いつの時代も大統領選挙は手に汗握る政治的イベントだ。しかし、その中でもとくに国民の関心をかき立てた選挙がある。アメリカの政治のゆくえを左右する選挙や、激しい接戦、あるいは勝敗をめぐって論争が起きた選挙などだ。

## 1860

エイブラハム・リンカーン vs ジョン・ベル、スティーブン・ダグラス、ジョン・C・ブレッキンリッジ

- 一般投票 40% / 一般投票 60%
- 選挙人団票 180 / 選挙人団票 123

この選挙で共和党初の大統領が誕生した。リンカーンは一般投票で40パーセントしか獲得できなかったが、2名の民主党候補と立憲連合党候補1名の間で反対票が割れたため、選挙人団票の過半数を制したリンカーンが当選した。

## 1876

サミュエル・J・ティルデン vs ラザフォード・B・ヘイズ

- 一般投票 51% / 一般投票 48%
- 選挙人団票 184 / 選挙人団票 185

大接戦となったこの選挙では、3つの州で得票数をめぐる議論が生じた。連邦議会はこの問題に決着をつけるため、15人からなる選挙委員会を設立した。そのうち8人の委員が問題視された州の選挙人団の票をヘイズに与えたため、ヘイズは選挙人投票を1票差で制して大統領に選出された。

## 1912

ウッドロー・ウィルソン vs セオドア・ローズヴェルト、ユージン・デブス、ウィリアム・タフト

- 一般投票 42% / 一般投票 56%
- 選挙人団票 435 / 選挙人団票 96

珍しく4人の候補が並び立ったこの選挙で、前大統領セオドア・ローズヴェルトは革新党を結成して選挙にのぞんだ。そのために共和党の票は割れ、労働者の権利拡張を訴えたウィルソンが選挙人投票で圧倒的な勝利を収めた。

## 1932

**フランクリン・D・ローズヴェルト**
- 一般投票 57%
- 選挙人団票 472

**ハーバート・フーヴァー**
- 一般投票 40%
- 選挙人団票 59

大恐慌のさなかにフランクリン・D・ローズヴェルトは「ニューディール」(新規巻き直し)を公約に掲げて有権者の心をつかんだ。彼は42州で勝利を収め、選挙人投票に大差で勝った。こうして民主党の圧倒的優位で始まったローズヴェルト政権は、それから4期にわたって続いた。

## 1948

**トマス・E・デューイ、ストロム・サーモンド**
- 一般投票 45%
- 選挙人団票 189

**ハリー・S・トルーマン**
- 一般投票 50%
- 選挙人団票 303

ハリー・トルーマンが1948年の大統領選挙に勝つ見込みは薄かった。共和党の対立候補トマス・デューイの人気が高く、州権民主党[人種隔離政策を支持する南部の民主党]候補のストロム・サーモンドに南部の票を奪われていたからだ。投票日の夜に発行された新聞はデューイの勝利を見出しに掲げたが、最終的な結果はトルーマンの圧勝だった。

## 1980

**ロナルド・レーガン**
- 一般投票 51%
- 選挙人団票 489

**ジミー・カーター**
- 一般投票 48%
- 選挙人団票 49

レーガンは共和党員だったが、減税やインフレ抑制の公約によって、昔から民主党に投票してきた労働者階級の支持を獲得し「レーガン民主党員」という呼び名が生まれた。レーガンはカーター大統領と第3の党の候補者ジョン・B・アンダーソンを大差で破った。

## 2000

**アル・ゴア**
- 一般投票 48.5%
- 選挙人団票 266

**ジョージ・W・ブッシュ**
- 一般投票 48%
- 選挙人団票 271

アル・ゴアとジョージ・W・ブッシュの白熱した戦いは、最後には票の集計をめぐるアメリカ史上もっとも激しい論争に発展した。選挙の勝敗はフロリダ州の結果次第という状態で、まぎらわしい投票用紙が問題になったのだ。ゴア陣営は手作業による数え直しを要求したが、最高裁判所はこの要求を却下した。ブッシュはフロリダの選挙人の票を獲得し、わずか5人の差で選挙人団票の過半数を勝ち取った。

波乱の大統領選挙

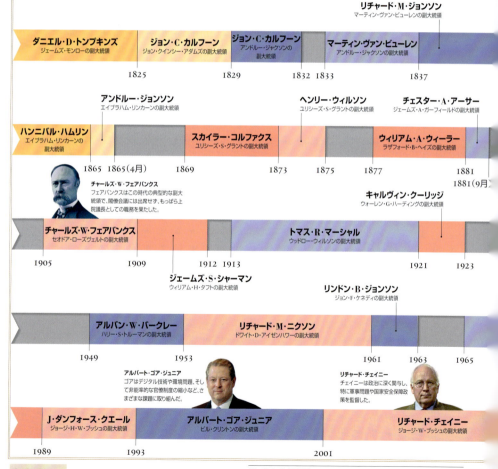

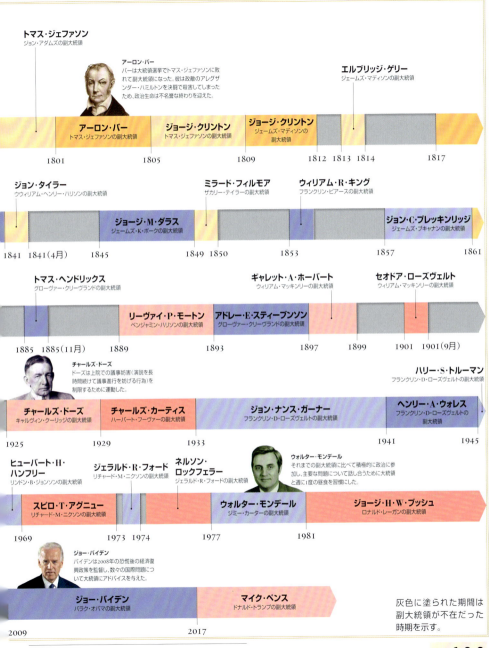

# 政党
## POLITICAL PARTIES

ジョージ・ワシントンは政党に属さなかったただひとりの大統領だ。彼は政党嫌いだったが、その後、政党はアメリカの政治になくてはならないものになった。1796年の大統領選挙以来、2大政党が争うのが普通になり、大統領候補者はどちらか一方の政党を基盤にして戦ってきた。

 **連邦党**

| 結成年 | 1790年 |
| 基本理念 | 強力な中央政府 |
| 解散年 | 1824年 |

連邦党は強力な中央政府に支えられた着実な経済成長を党の方針に掲げた。連邦党は1801年まで政権の座にあったが、党の指導者アレグザンダー・ハミルトンが殺害されてから勢力を失い、1820年に最後の副大統領候補を出して解散した。

 **ホイッグ党**

| 結成年 | 1834年 |
| 基本理念 | 大統領に対する連邦議会の優越と高い輸入関税 |
| 解散年 | 1856年 |

ホイッグ党は民主共和党が分裂した後に誕生した。党内にしばしば意見の対立があり、幅広い政策を支持したが、新たに連邦に加盟する地域に奴隷制の拡大を認めるかどうかをめぐって意見が分かれ、とうとう決裂してしまった。

 **民主共和党**

| 結成年 | 1792年 |
| 基本理念 | 連邦政府よりも各州の権利を重視 |
| 解散年 | 1825年 |

民主共和党は中央政府に強力な権限を持たせることに反対したトマス・ジェファソンの支持者によって結成された。彼らは反エリート主義を訴え、農民や労働者階級の利益を重視した。この党は1820年代に分裂し、アンドルー・ジャクソンの率いる一派が民主党となった。

 ## 民主党

**結成年** 1828年から現在まで
**基本理念** 強力な政府、社会・経済的平等、政府の福祉への関与

民主党は民主共和党の分裂によって誕生し、貧困層の権利を代弁した。民主党は1860年まで優勢だったが、南北戦争が始まる前に分裂した。その後は共和党の優位が続いたが、フランクリン・D・ローズヴェルトが人気の高いニューディール政策を掲げて当選し、民主党が政権に返り咲いた。現代の民主党は中央政府の果たす役割の拡大と、アメリカ国内の社会的弱者を救済する政策を主張し続けている。

 ## 共和党

**結成年** 1854年から現在まで
**基本理念** 小さな政府、個人の自由、低い税率

共和党は奴隷制反対論者によって結成され、エイブラハム・リンカーンが共和党初の大統領となった。南北戦争で連邦が勝利したことによって、70年間ほぼ途切れることなく政権の座についた。しかし大恐慌の影響で共和党の優位は終わった。現代の共和党は南部と中西部に支持基盤を持ち、伝統的価値を重んじる保守思想の政党である。共和党はアメリカの産業の利益を守り、より強力な国家安全保障体制を求め続けている。

## 独立候補

アメリカは2大政党制の国だが、小政党や政党に属さない候補者が頭角を現すことがたまにある。これまでに最多の票を獲得した小政党は、1912年にセオドア・ローズヴェルトが結成した革新党だ。その他にも、移民反対を掲げた1856年の「ノーナッシング党」などは相当な割合の票を獲得している。もっと最近では1992年に独立候補のロス・ペロー（右）が、2大政党に失望した有権者から大きな支持を得た。

# 大統領こぼれ話
## PRESIDENTIAL FUN FACTS

**ドワイト・D・アイゼンハワー**は幸運を呼ぶという3つのコイン――1ドル銀貨、5ギニー金貨、1フラン硬貨――をいつもポケットに入れていた。

**ジョージ・W・ブッシュ**はマラソンを完走したはじめての大統領である。

**ウィリアム・マッキンリー**はペットのオウムにアメリカ民謡のメロディーを口ずさむ芸を仕込んだ。

**ミラード・フィルモア**は3つの異なる党から公職に立候補した。

**ジェームズ・ブキャナン**は片目が近視でもう一方の目が遠視だったので、つねに顔を左側に向けていた。

1927年、**ハーバート・フーヴァー**はアメリカ初の長距離テレビ放送に出演した。

**ビル・クリントン**の趣味はクロスワードパズルだ。ニューヨークタイムズに自作のクロスワードパズルが掲載されたこともある。

**リチャード・M・ニクソン**は、はじめて連邦下院議員に立候補したとき、選挙費用をポーカーで勝ったかけ金でまかなった。

**ジョージ・H・W・ブッシュ**は自分の90歳の誕生日にスカイダイビングをして祝った。

身長162センチの**ジェームズ・マディソン**は、歴代大統領の中でもっとも小さかった。

**ウッドロー・ウィルソン**は博士号を持つただひとりの大統領である。

大統領になる前、**ロナルド・レーガン**はペギーという名のチンパンジーと映画で共演した。

**トマス・ジェファソン**は最初に回転イスを発明した。

**キャルヴィン・クーリッジ**はペットをたくさん飼っていて、外国の首脳からもワラビー、コビトカバ、アメリカグマ、2頭の子ライオンを贈られた。

**フランクリン・D・ローズヴェルト**は切手収集家で、在職中に200種類を超える切手のデザインを承認した。

**ジョン・クインシー・アダムズ**は1頭のワニをペットとして飼っていた。

クマのぬいぐるみをテディベアと呼ぶのは、**セオドア・ローズヴェルト**［愛称テディ］にちなんでいる。

**エイブラハム・リンカーン**はひげを生やした最初の大統領で、身長は193センチでもっとも背が高い。

**バラク・オバマ**は「スパイダーマン」と「コナン・ザ・グレート」の漫画をコレクションしていた。

大統領こぼれ話

# 用語集
## GLOSSARY

**奴隷制廃止論者**
アメリカで奴隷制廃止を主張した人。

**法**
連邦議会で可決され、大統領の署名を得て成立した法律。

**憲法修正条項**
アメリカ合衆国憲法を修正するために追加された条項。成立するためには連邦議会によって可決され、全州の4分の3によって批准される必要がある。

**無政府主義者**
あらゆる種類の中央政府を不当なものと考え、しばしば政府を倒すためならどんな方法を使ってもいいという考えを持つ人。

**予算**
一定期間の政府の支出計画。その政府がいくら支出し、税金によっていくら得る予定かを示す。

**閣僚**
大統領によって任命される最上級の政府高官。財務省長官など、一般に政府の各省の長官を指す。

**資本主義**
個人が利益を上げる目的で生産手段(企業、工場、農地など)を所有する経済制度。

**公民権**
性別、民族、あるいは政治的信念にかかわらず、ある国の国民が法の下で平等に扱われる権利。

**公務員**
さまざまな政府機関を運営するために政府によって雇用される人々。

**冷戦**
アメリカ合衆国とソ連(現ロシア)との間に1947年から1991年まで続いた政治的対立。

**共産主義**
政府が生産手段を所有し、利益を分配する経済制度。

**アメリカ連合国**
連邦を離脱し、1861年に独立国を作った11の州。この国は1865年に南北戦争が終わると消滅した。

**連邦議会**
上院と下院からなるアメリカ政府の立法府(法律制定機関)。国家予算を監督し、不正行為のあった大統領を弾劾することができる。

**合憲**
憲法によって認められた行為。憲法で認められないすべての法と法案は違憲とみなされる。

**行政府**
大統領を首長とし、法の執行と強制を司る政府の部門。

**連邦制の**
それぞれの州ではなく中央政府の管轄下にあるものごと。

**建国の父**
アメリカの建国に重要な役割を果たした人々。とくに1787年の憲法制定会議に参加した人々を指す。

**知事**
アメリカの州政府の首長。

**下院**
アメリカ合衆国議会を構成する2院のうちのひとつ。下院議員の任期は2年で、各州を代表する下院議員の人数は州の人口によって異なる。

**弾劾**
不正行為の告発を受けた大統領または副大統領を解任するための手続き。上院議員による弾劾裁判がおこなわれる。

**大統領就任式**
新しく選ばれた大統領が就任宣誓をおこない、大統領の職務につくための儀式。

### インフレーション（インフレ）
ある国の前年度に対する物価の上昇。インフレ率が高いと、同じ商品に対してはるかに高い金額を支払わなければならなくなる。

### 法律
政府が提案した法案が連邦議会によって可決され、法として成立したもの。

### 財政赤字
税収入を超える支出をした結果、政府が作った負債の総額。

### 国家主義者
自国の政治的・経済的利益が何よりも優先されるべきだと考え、しばしば他国との国際協力に反対する人。

### 予備選挙（または党員集会）
各州でそれぞれの党の代議員を選ぶための選挙。選ばれた代議員は（他州の代議員とともに）、大統領選挙に出馬する党の候補者を選ぶ。

### 批准
憲法修正条項が成立する前に、全州の4分の3によって承認される手続き。

### 景気後退
ある国の経済活動が衰退していく状態。

### 再建期
アメリカ連合国を結成した州が連邦への復帰を認められる前に、連邦政府によって軍の管理下に置かれていた1865年から1877年までの期間。

### 離脱
国家の一部が中央政府の支配から離れる行為。1861年から62年にかけて、南部11州が連邦を離脱した。

### 人種隔離制度
異なる人種の人々が別々の学校や職場、レストラン、交通機関を利用することを強制される制度。

### 上院
アメリカ合衆国議会を構成する2院のうちのひとつ。上院議員の任期は6年で、各州からふたりずつ選出される。

### 州権
連邦政府に対して、各州が持つ権利と権限。

### 参政権
選挙で投票する権利。1870年にアメリカのすべての男性に与えられ、1920年に女性に与えられた。

### 最高裁判所
裁判をおこなうアメリカの最高機関。9人の判事［裁判官］が下級裁判所からの上訴を受けて審理し、その判決が合憲か違憲かを判断する。

### 関税
政府が貿易の規制や税収を得る目的で、輸入品または輸出品に課す税。

### 準州
歴史的に、連邦政府の管理下にあるが、まだ州に昇格していない地域。

### 連邦
アメリカ合衆国を形成した州の集まり。南北戦争中に離脱しなかった州を指す場合が多い。

### 拒否権
連邦議会によって可決された法案の成立を拒否する大統領の権限。

# 索引 INDEX

1812年戦争 021, 037, 129, 175

## あ

アーカンソー 086, 111, 195
アーサー、チェスター 056-057, 195, 198
アイゼンハワー、ドワイト・D 084-087, 182, 191, 194, 202
アイゼンハワー行政府ビル 179
アダムズ、アビゲイル 128
アダムズ、ジョン 014-015, 024, 128, 149, 195
アダムズ、ジョン・クインシー 024-025, 195, 203
アフガニスタン 102, 114, 118, 119
アフリカ系アメリカ人 046, 135, 144, 162
　▶オバマ、バラク；オバマ、ミシェルも参照
　▶人種隔離 086, 094
　▶と投票 050, 092, 094, 164-165
　▶奴隷制廃止 162-163
アメリカ議会図書館 016
アメリカ独立戦争 011, 014, 126, 148-149
アメリカ連合国 160, 161
アラスカ 048, 194
アラバマ 161, 195
アリゾナ 068, 194
暗殺 047, 055, 062, 091, 130
　▶未遂 026, 100, 104, 115
イギリス 010, 020, 021, 034, 037, 071, 148
移民 053, 056, 061, 075, 122
イラク 108, 114, 117, 118, 137
イラン・コントラ事件 107

イリノイ 118, 195
医療保険 110, 120, 122, 139, 142
インディアナ 030, 195
インディアン 018, 026, 029, 045
ヴァージニア 011, 016, 022, 043, 050, 116, 160, 184, 185, 191, 194, 195
ヴァン・ビューレン、マーティン 028-029, 031, 195, 198
ウィルソン、イーディス 132
ウィルソン、ウッドロー 070-071, 132, 195, 196, 203
ウエストウイング 142, 178
ウォールストリート暴落 077
宇宙開発競争 087, 098
エアフォース・ワン 188
演説 065, 070, 079, 089, 133, 134
　▶一般教書演説 157
　▶ゲティスバーグ演説 044, 045
　▶就任演説 011, 030, 040, 152
オクラホマ 029, 194
オハイオ 062, 072, 195
オバマ、バラク 009, 118-121, 157, 173, 177, 189, 194, 203
オバマ、ミシェル 125, 144-145
オブザーバトリー・サークル1番地 183
オレゴン 034, 194

## か

カーター、ジミー 009, 102-103, 139, 182, 195, 197
カーター、ロザリン 125, 139
ガーフィールド、ジェームズ・A 054-053, 195
下院 024, 025, 049, 156, 157
核兵器 082, 088, 090, 097, 106, 117, 118

カリフォルニア 035, 038, 077, 104, 171, 194
カンザス 040, 041, 042, 194
記念建造物 186-187, 193
キャデラック・ワン 189
キャンプデーヴィッド 102, 182
キューバ 040, 063, 088, 089, 090, 121
教育 086, 115, 137, 141, 143, 145
共産主義 082, 083, 084, 088, 109
共和党 164, 196, 197, 201
拒否権 156, 157
銀行 027, 028, 051, 077, 078
禁酒法 070, 078, 166-167
クーリッジ、キャルヴィン 074-075, 195, 198, 203
グラウンドフォース・ワン 191
グラント、ユリシーズ・S 050-051, 160, 195
クリーヴランド、グローヴァー 058-059, 156, 195
クリーヴランド、フランシス 131
クリントン、ヒラリー 125, 142
クリントン、ビル 009, 110-113, 157, 195, 202
経済 062, 074, 077, 080, 104, 119
ゲティスバーグ 044, 160
ケネディ、ジャクリーン 088, 091, 136
ケネディ、ジョン・F 088-091, 098, 136, 188, 195
建国の父 152
原爆 082
憲法 010, 020, 147, 150-151, 152, 156
　▶憲法修正第13条 162-163
　▶憲法修正第14条 162

206　第5章｜参考資料

▶憲法修正第15条 050, 164-165
▶憲法修正第18条 166-167
▶憲法修正第19条 168-169
▶憲法修正第22条 170
▶憲法修正第26条 171
権利章典 020, 158-159
▶権利章典 020, 158-159
公民権 086, 089, 094, 137, 162
国立公園 064, 067

最高裁判所 042, 086, 104, 120, 132, 157, 171, 197
サウスカロライナ 026, 044, 160, 195
サウスダコタ 186, 194
ジェファソン, トマス 016-019, 149, 195, 203
失業 051, 077, 080, 100, 102, 108
辞任 096, 099, 198
ジャクソン, アンドルー 021, 26-27, 195, 200
上院 049, 034, 071, 099, 156, 157, 198, 199
女性の権利 168
▶参政権 168-169
▶女性の権利 133, 134, 137, 138
ジョンソン,「レディバード」 137
ジョンソン, アンドルー 048-049, 195, 198
ジョンソン, リンドン・B 092-095, 137, 178, 194, 198
ストライキ 051, 059, 074,
スペイン 022, 024, 040,
▶米西戦争 063, 065
税 012, 025, 026, 060, 068, 074, 076,

104, 108, 148, 164, 167
ソ連 108
▶宇宙開発競争 087
▶冷戦 082, 084, 088, 090, 096, 097, 102, 106, 109

第1次世界大戦 070, 071, 076, 132, 133
第2次世界大戦 078, 081, 082, 083, 084, 085, 108
大恐慌 076, 077, 078, 080, 133, 197, 201
大統領執務室 176-177
大統領就任式 027, 062, 152, 154, 161
大統領選挙 154-155, 196-197
タイラー, ジョン 032-033, 195, 199
タフト, ウィリアム・H 068-069, 195
弾劾 049, 099
男女平等権修正条項 138
デイヴィス, ジェファソン 161
テイラー, ザカリー 035, 36-37, 195
▶テキサス 028, 035, 039, 050, 125, 194
▶ケネディの暗殺 091
▶併合 033, 034
テロリズム
▶アメリカにおける 112, 116
▶世界 113, 114, 118, 119
投票 050, 092, 094, 164-165, 168-169, 171, 196, 197
独立宣言 015, 016, 147, 149
トランプ, ドナルド 122-123, 195
トルーマン, ハリー・S 082-083, 136, 181, 195, 197, 199
奴隷制度 022, 028, 032, 036, 038, 041,

042, 043, 044, 160
▶の廃止 162-163

南北戦争 044, 050, 160-161, 162, 185, 201
退役軍人 050, 052, 054, 060
ニクソン, リチャード 096-099, 100, 194, 202
日本 039, 064, 081, 082,
ニューディール 078, 080, 134, 197, 201
ニューメキシコ 035, 038, 039, 068, 194
ニューヨーク 058, 078, 080, 126, 142, 195
▶ウォールストリート暴落 077
▶エリス島 061
▶スピークイージー 166
▶テロ攻撃 112, 116
▶の有権者 020, 168
▶への訪問 069, 088, 134, 135
▶ワシントンの大統領就任式 154
ニューハンプシャー 151, 195
ネブラスカ 041, 194
ノーベル平和賞 064, 070, 103
乗り物, 大統領の 188-191

ハーディング, ウォーレン・G 072-073, 195
旗 017, 033, 180
パナマ 066, 103, 108
ハミルトン, アレグザンダー 150, 199, 200
ハリソン, ウィリアム・ヘンリー 030-031, 060, 195

ハリソン, ベンジャミン 060-061, 195
ハワイ 058, 060, 194
ピアース, フランクリン 040-041, 195
フィルモア, ミラード 038-039, 195, 199, 202
フーヴァー, ハーバート 076-077, 133, 194, 197, 202
フーヴァー, ルー 077, 133
フォード, ジェラルド・R 100-101, 138, 194, 199
フォード, ベティ 138
ブキャナン, ジェームズ 042-043, 195, 202
副大統領 015, 032, 048, 065, 096, 108, 153, 179, 183, 198-199
ブッシュ, ジョージ・H・W 009, 108-109, 141, 194, 202
ブッシュ, ジョージ・W 009, 114-117, 143, 117, 194, 197, 202
ブッシュ, バーバラ 125, 141
ブッシュ, ローラ
フランクリン, ベンジャミン 149
フランス 010, 014, 058, 071, 085
ブレアハウス 180-181
フロリダ 022, 023, 024, 033, 067, 195, 197
ヘイズ, ラザフォード・B 052-053, 195, 196
ペット 202, 203
ベトナム戦争 092, 093, 095, 096, 101, 171
ベルリンの壁 109
ペンシルヴェニア 012, 044, 127, 168, 195
ペンドルトン法 057

ホイッグ党 031, 200
ポーク, ジェームズ・K 034-035, 195
ホワイトハウス 174-178
▶ウエストウイング 142, 178
▶結婚式 131
▶大統領執務室 176-177
▶の改修 129, 130, 136, 174, 173

マウント・ヴァーノン 184
マサチューセッツ 024, 074, 128, 195
マッキンリー, ウィリアム 062-063, 195, 202
マディソン, ジェームズ 020-021, 129, 150, 158, 195, 203
マディソン, ドリー 129
麻薬 065, 108, 140, 158
マリーン・ワン 191
ミシシッピ 050, 161, 195
ミズーリ 019, 022, 195
民主共和党 200
民主党 026, 197, 200, 201
メイン 023, 028, 195
メキシコ 033, 035, 040
モンタナ 017, 194
モンティセロ 185
モンロー, ジェームズ 022-023, 195

ユタ 038, 194

リンカーン, エイブラハム 044-047, 130, 186, 193, 193, 196, 201, 203
リンカーン, メアリー 130

ルイジアナ 017, 019, 195
ルイス=クラーク探検隊 018-019
冷戦 088, 102, 109
レーガン, ナンシー 140
レーガン, ロナルド 104-107, 108, 140, 194, 197, 203
連邦 048, 050, 068, 160, 161, 195, 201
連邦議会 153, 155, 156-157
▶下院 024, 025, 049, 156, 157
▶上院 049, 054, 071, 099, 156, 157, 198, 199
連邦党 200
ローズヴェルト, セオドア 064-067, 174, 178, 186, 195, 196, 199, 201, 203
ローズヴェルト, フランクリン・D・ 078-081, 134, 153, 156, 170, 176, 180, 182, 189, 195, 197, 201, 203
ロード・アイランド 150, 195

ワシントン, ジョージ 010-013, 126, 152, 156, 184, 186, 195, 200
ワシントン, マーサ 126-127, 184
ワシントンD.C. 016, 137, 193
▶会議 073, 140
▶大統領就任祝賀舞踏会 129
▶建物 159, 179, 180-181, 183
▶における暗殺 047, 055
▶ホワイトハウスも参照
▶焼き打ち 021, 175

# 謝辞 ACKNOWLEDGMENTS

Dorling Kindersley would like to thank the following people:
Rupa Rao for editorial assistance and Carron Brown for proofreading and indexing.

Picture Credits
The publisher would like to thank the following
for their kind permission to reproduce their photographs:

(Key: a-above; b-below/bottom; c-centre; f-far; l-left; r-right; t-top)

2 Dreamstime.com: Timehacker (l). 3 Dreamstime.com: Brandon Seidel. 4 Alamy Stock Photo: IanDagnall Computing (bc); Painting / White House Historical Association (bl). Getty Images: Bettmann (br); Saul Loeb / AFP (cla). 5 Alamy Stock Photo: GL Archive (bl). Getty Images: Brooks Kraft LLC / Corbis (cra). 6 Alamy Stock Photo: Holger Hollemann / dpa (cra). Getty Images: MPI (cla). 6-7 Alamy Stock Photo: Mervyn Rees (b). 7 Alamy Stock Photo: Allstar Picture Library (cla). Getty Images: Raymond Boyd (cra). 8-9 Getty Images: Saul Loeb / AFP. 10-11 Alamy Stock Photo: Tomas Abad. Dreamstime.com: Brett Critchley (All spreads). 12-13 Alamy Stock Photo: Photo Researchers, Inc. 14-15 Courtesy National Gallery of Art, Washington. 15 Library of Congress, Washington, DC: S.W. Fores, 1798 June 1 / LC-DIG-ppmsca-31256 (cr). 16 Alamy Stock Photo: Painting / White House Historical Association. 17 Alamy Stock Photo: Granger Historical Picture Archive. 18-19 The Art Archive: Granger Collection. 20 Getty Images: DeAgostini. 21 Alamy Stock Photo: Archive Images. 22-23 Alamy Stock Photo: Granger Historical Picture Archive. 24-25 Getty Images: GraphicaArtis. 24 Getty Images: Bettmann (bc). 26-27 Mary Evans Picture Library: Everett Collection. 28 Alamy Stock Photo: IanDagnall Computing. 29 Alamy Stock Photo: Granger Historical Picture Archive. 30-31 Getty Images: Universal History Archive. 31 Alamy Stock Photo: Granger Historical Picture Archive (br). 32-33 Alamy Stock Photo: IanDagnall Computing. 33 Alamy Stock Photo: Prisma Archivo (tr). 34 Alamy Stock Photo: IanDagnall Computing. 35 Alamy Stock Photo: Granger Historical Picture Archive. 36-37 Bridgeman Images: Brown, William G. Jr. (19th Century) / © Chicago History Museum, USA. 38-39 Getty Images: Universal History Archive. 39 Getty Images: Bettmann (br). 40 Alamy Stock Photo: IanDagnall Computing. 41 Alamy Stock Photo: Granger Historical Picture Archive. 42-43 Alamy Stock Photo: North Wind Picture Archives. 43 Getty Images: Kean Collection (tr). 44-45 Getty Images: Library Of Congress. 46 Getty Images: MPI. 47 Getty Images: Fine Art Images / Heritage Images. 48 Alamy Stock Photo: The Art Archive. 49 Alamy Stock Photo: North Wind Picture Archives. 50-51 Getty Images: VCG Wilson / Corbis. 51 Alamy Stock Photo: Everett Collection Inc (br). 52 Library of Congress, Washington, DC: LC-USZ62-13019. 53 Alamy Stock Photo: North Wind Picture Archives. 54 Library of Congress, Washington, DC: LC-DIG-cwpbh-03741 / Brady-Handy Collection. 55 Getty Images: Bettmann. 56 Library of Congress, Washington, DC: LC-USZ62-13021. 57 Alamy Stock Photo: Granger Historical Picture Archive. 58-59 Getty Images: Ipsumpix / Corbis. 59 Getty Images: Fotosearch (br). 60 Library of Congress, Washington, DC: LC-BH826- 3704. 61 Bridgeman Images: Peter Newark American Pictures. 62 Photoshot: World History Archive. 63 Getty Images: Photo12 / UIG. 64-65 Getty Images: Bettmann. 66 Alamy Stock Photo: Granger Historical Picture Archive. 67 Getty Images: Bettmann. 68-69 Getty Images: Topical Press Agency. 68 Rex by Shutterstock: Everett Collection (bc). 70 Alamy Stock Photo: Archive Pics. 71 Getty Images: US Army Signal Corps / US Army Signal Corps / The LIFE Picture Collection. 72-73 Alamy Stock Photo: Niday Picture Library. 73 Alamy Stock Photo: Granger Historical Picture Archive (br). 74-75 Getty Images: Popperfoto. 74 Getty Images: Fotosearch (bc). 76-77 Alamy Stock Photo: Everett Collection Historical. 77 Alamy Stock Photo: IanDagnall Computing (cr). 78-79 Getty Images: Bettmann. 80 Getty Images: New York Times Co. / Hulton Archive. 81 Getty Images: Bettmann. 82-83 Getty Images: Bettmann. 82 Alamy Stock Photo: Everett Collection Historical (bc). 84-85 Getty Images: Bettmann. 86 Getty Images: Bettmann. 87 Getty Images: Ralph Morse / The LIFE Picture Collection. 88-89 Getty Images: Frank Hurley / NY Daily News Archive. 90 Getty Images: Rolls Press / Popperfoto. 91 Alamy Stock Photo: Pictorial Press Ltd. 92-93 Getty Images: Bettmann. 94 Getty Images: Hulton Archive. 95 Getty Images: Archive Holdings Inc.. 96-97 Getty Images: Arthur Schatz / The LIFE Picture Collection. 98 NASA. 99 Alamy Stock Photo: Granger Historical Picture

Archive. 100-101 Getty Images: Bettmann. 101 Bridgeman Images: Pictures from History (br). 102-103 Getty Images: Diana Walker / Time & Life Pictures. 102 Getty Images: Karl Schumacher / AFP (bl). 104-105 Getty Images: Robert R. McElroy. 106 Getty Images: Dirck Halstead / The LIFE Images Collection. 107 Getty Images: Bettmann. 108 Alamy Stock Photo: GL Archive. 109 Getty Images: Pool Chute Du Mur Berlin / Gamma-Rapho. 110-111 Getty Images: Cynthia Johnson / Liaison. 112 Getty Images: Maria Bastone. 113 Alamy Stock Photo: Richard Ellis. 114-115 Getty Images: David McNew. 116 Getty Images: Spencer Platt. 117 Getty Images: Scott Nelson. 118-119 Alamy Stock Photo: White House Photo. 120 Getty Images: Paul J. Richards / AFP. 121 Getty Images: Anthony Behar-Pool. 122 Alamy Stock Photo: UrbanImages (bc). 122-123 Getty Images: Johnny Louis / WireImage. 124-125 Getty Images: Brooks Kraft LLC / Corbis. 126-127 Getty Images: Stock Montage. 128 Alamy Stock Photo: Granger Historical Picture Archive. 129 Alamy Stock Photo: Granger Historical Picture Archive. 130 Alamy Stock Photo: Archive Pics. 131 Alamy Stock Photo: Granger Historical Picture Archive. 132 Getty Images: Bettmann. 133 Getty Images: Bettmann. 134-135 Getty Images: Bettmann. 134 Getty Images: Bettmann (bc). 136 Getty Images: Bettmann. 137 Alamy Stock Photo: CSU Archives / Everett Collection. 138 Rex by Shutterstock: Everett Collection. 139 Getty Images: Bettmann. 140 Getty Images: Diana Walker / Time & Life Pictures. 141 akg-images. 142 Getty Images: Jeffrey Markowitz / Sygma. 143 Getty Images: Pam Francis / Liaison. 144 Alamy Stock Photo: White House Photo (bc). 144-145 Photoshot: Cheriss May. 146-147 Getty Images: MPI. 148 Getty Images: Ed Vebell. 149 Alamy Stock Photo: Niday Picture Library. 150-151 Getty Images: Bettmann. 152-153 Alamy Stock Photo: Granger Historical Picture Archive. 153 Getty Images: Bettmann (tr). 154 Getty Images: Diana Walker / / Time Life Pictures. 155 Getty Images: Chip Somodevilla. 156-157 Getty Images: Chip Somodevilla. 157 Getty Images: Stephen Jaffe / AFP (br). 158-159 Getty Images: Michael Loccisano. 159 Rex by Shutterstock: Greg Mathieson (br). 160-161 Getty Images: MPI. 161 Getty Images: Universal History Archive (tr). 162-163 akg-images. 162 Alamy Stock Photo: North Wind Picture Archives (bc). 164-165 Alamy Stock Photo: Photo Researchers, Inc. 166-167 Getty Images: Bettmann. 167 akg-images: Imagno (br). 168-169 Getty Images: Stock Montage. 169 Alamy Stock Photo: Archive Pics (br). 170 Getty Images: Keystone-France / Gamma-Keystone. 171 Getty Images: Bettmann. 172-173 Alamy Stock Photo: Holger Hollemann / dpa. 174 123RF.com: Orhan am (cra). 174-175 Dreamstime.com: Ahdrum. 175 Getty Images: Bettmann (tr). 176-177 Getty Images: Eric Draper / The White House. 178 Getty Images: Bettmann. 179 Getty Images: Raymond Boyd. 180-181 Dreamstime.com: Chrisdoduch. 181 Getty Images: Thomas D. Mcavoy / The LIFE Picture Collection (br). 182 Bridgeman Images: Everett Collection. 183 Getty Images: Bettmann. 184 Getty Images: Smith Collection / Gado (cra); Universal History Archive. 185 123RF.com: Brenda Kean. Alamy Stock Photo: Granger Historical Picture Archive (tr). 186-187 Alamy Stock Photo: Jesse Kraft. 188 Getty Images: Sven Creutzmann / Mambo photo; The LIFE Picture Collection (crb). 189 Getty Images: Alex Wong. 190 Getty Images: Jewel Samad / AFP. 191 Alamy Stock Photo: Allstar Picture Library. 192-193 Getty Images: Raymond Boyd. 196 Alamy Stock Photo: CSU Archives / Everett Collection (crb/ Eugene Debs); The Art Archive (fcl). Getty Images: Art Media / Print Collector (tc); Hulton Archive (tr); Encyclopaedia Britannica / UIG (ftr); Kean Collection (cra); Phas / UIG (cl); Hulton Archive (crb); ND / Roger Viollet (cb). Library of Congress, Washington, DC. 196-197 Dreamstime.com: Paul Hakimata. 197 123RF.com: Visions of America LLC (clb). Alamy Stock Photo: GL Archive (cb); GL Archive (cb/Al Gore). Getty Images: Bettmann (tl); Bettmann (ftl); Bettmann (tc/Thomas E. Dewey); Bettmann (tr); Bettmann (ftr). Library of Congress, Washington, DC: Draper, Eric, 1964 / LC-DIG-ppbd-00371 (crb). 198 123RF.com: Mikewaters (bc); Visions of America LLC (br). Getty Images: Library of Congress / Corbis / VCG (cl). 199 Getty Images: Bettmann (tl); Keystone (clb); Library of Congress / Corbis / VCG (cb); Universal History Archive / UIG (bl). 201 Alamy Stock Photo: Luc Novovitch (br).

All other images © Dorling Kindersley

For further information see: www.dkimages.com

[翻訳]

**大間知 知子**❖おおまち・ともこ

お茶の水女子大学英文学科卒業。訳書に『ビールの歴史』、『鮭の歴史』、『ロンドン歴史図鑑』『96人の人物で知る中国の歴史』(以上、原書房)、『世界の哲学50の名著』、『政治思想50の名著 エッセンスを論じる』(以上、ディスカヴァー・トゥエンティワン)などがある。

# [図説]歴代アメリカ大統領百科
ジョージ・ワシントンからドナルド・トランプまで

2017年5月30日　初版第1刷発行

| | |
|---|---|
| **編者** | DK社 |
| **訳者** | 大間知知子 |
| **発行者** | 成瀬雅人 |
| **発行所** | 株式会社原書房 |
| | 〒160-0022 東京都新宿区新宿1-25-13 |
| | 電話・代表 03(3354)0685 |
| | http://www.harashobo.co.jp |
| | 振替・00150-6-151594 |
| **ブックデザイン** | 小沼宏之 |
| **印刷** | 新灯印刷株式会社 |
| **製本** | 東京美術紙工協業組合 |

©Office Suzuki, 2017
ISBN978-4-562-05401-5
Printed in Japan